Windows 10 으로 떠나는
신기한 컴퓨터 나라 2

발 행 일 | 2017년 7월 28일 (1판)

I S B N | 978-89-8455-903-5 (13000)

정   가 | 10,000원

책   임 | 이대명

집   필 | 이대명

발 행 처 | (주)아카데미소프트

발 행 인 | 유성천

주   소 | 경기도 파주시 정문로 588길 24

대표전화 | 02)3463-5000

대표팩스 | 02)3463-0400

홈페이지 | http://www.aso.co.kr
         www.academysoft.co.kr

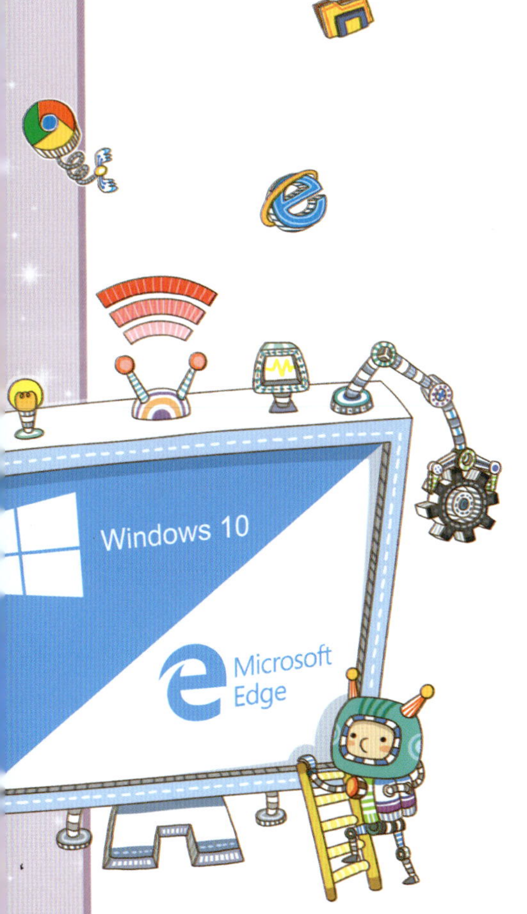

타자 연습의 타자수 및 정확도를 적어보세요.

오늘 타이핑한 타수와 정확도를 적어 자신의 실력이 얼마나 향상되고 있는지 확인하고 친구들과 비교해보세요.

구분	날짜		타자수	정확도	확인란	구분	날짜		타자수	정확도	확인란
1	월	일				13	월	일			
2	월	일				14	월	일			
3	월	일				15	월	일			
4	월	일				16	월	일			
5	월	일				17	월	일			
6	월	일				18	월	일			
7	월	일				19	월	일			
8	월	일				20	월	일			
9	월	일				21	월	일			
10	월	일				22	월	일			
11	월	일				23	월	일			
12	월	일				24	월	일			

이런 내용으로 구성되어 있어요!

▶ 컴퓨터 및 Windows 10에 관련된 다양한 기능들을 학습할 수 있도록 구성하였습니다.

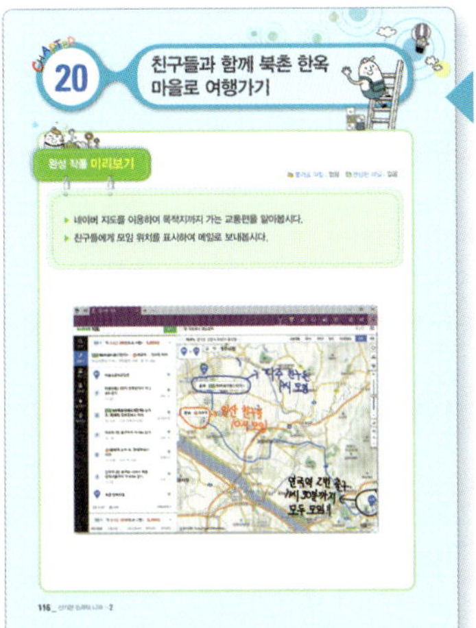

완성작품 미리보기 다 함께 읽어봅시다.

각 차시별로 배울 내용에 대한 간단한 기능 설명과 함께 완성된 이미지를 보여
줍니다.

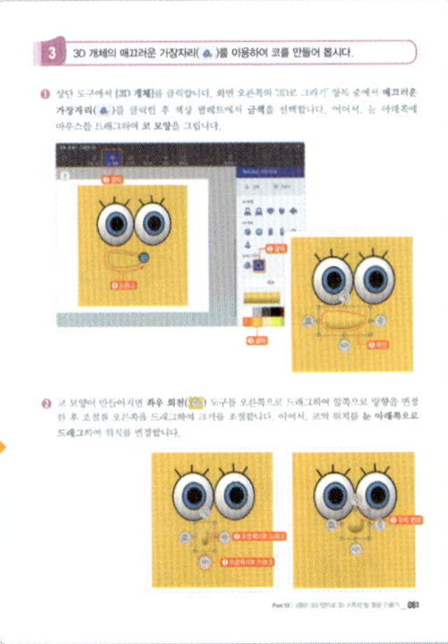

쉽게 따라하기

각 차시에서 배울 내용을 재미있는 예제를 통해 쉽게 따라하며 배울 수 있습니다.

STEP 02

혼자서 뚝딱뚝딱!

각 차시가 끝나면 앞에서 배운 내용을 응용하여 복습하거나 본문 내용에
넣지 못했 던 주요 내용을 학습합니다.

목차 CONTENTS

하드웨어 및 소프트웨어

📁 불러올 파일 : 없음   💾 완성된 파일 : 없음

▶ 컴퓨터 내부의 하드웨어 구성 장치에 대해 알아봅시다.

▶ 소프트웨어의 종류에 대해서 알아봅시다.

1 컴퓨터 내부의 하드웨어 구성 장치에 대해 알아봅시다.

❶ **메인보드**는 'CPU(중앙처리장치), RAM(주기억장치), HDD(하드디스크), VGA(그래픽카드)' 등을 장착할 수 있는 메인 기판으로 모든 장치의 데이터 입 · 출력을 관리 및 제어합니다.

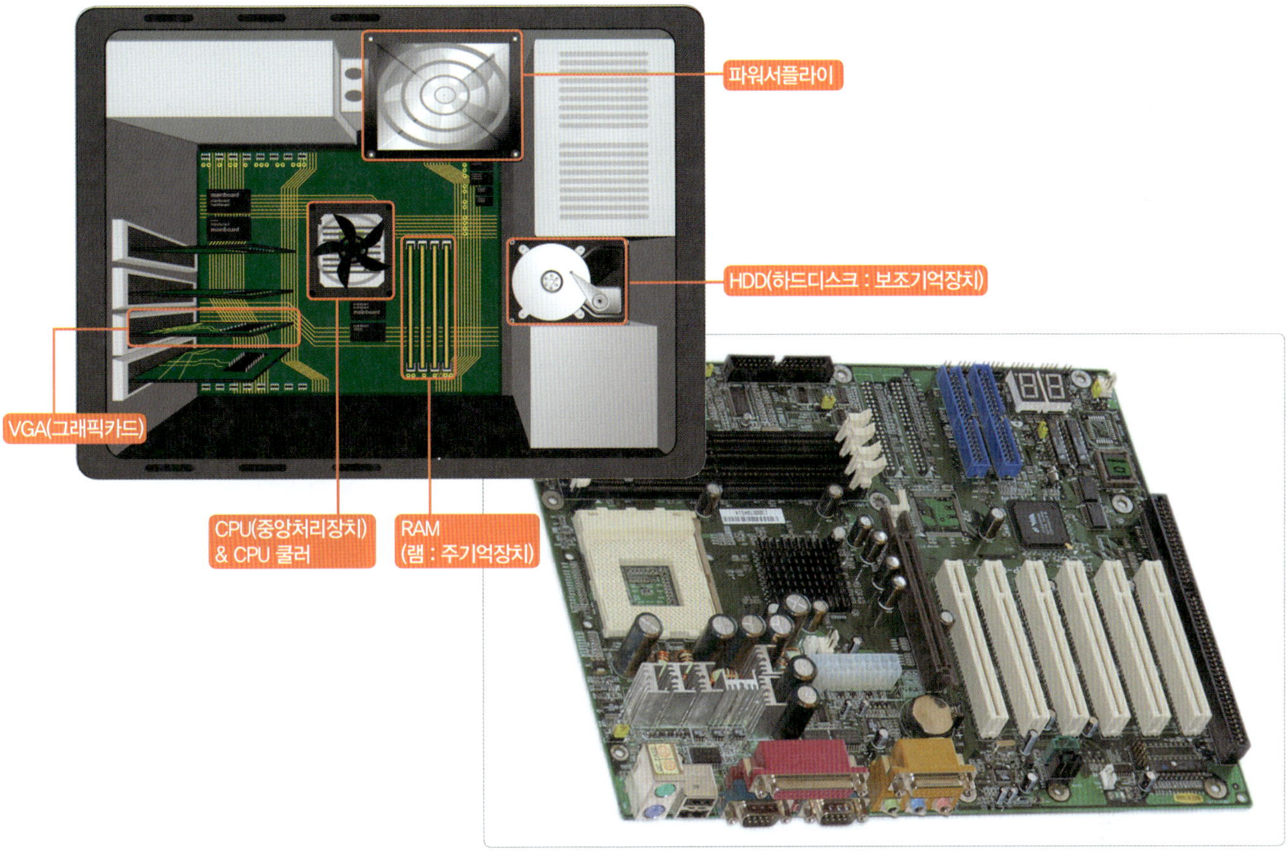

▲ 메인보드

❷ **CPU(중앙처리장치)**는 인간의 뇌에 해당되는 장치로서 컴퓨터에서 정보를 기억하고 처리하는데 핵심적인 역할을 수행합니다.

❸ **CPU 쿨러**는 CPU의 온도를 일정하게 유지시켜 주기 위한 장치로 CPU에 장착되어 선풍기처럼 바람을 내보내서 온도를 유지시켜 줍니다.

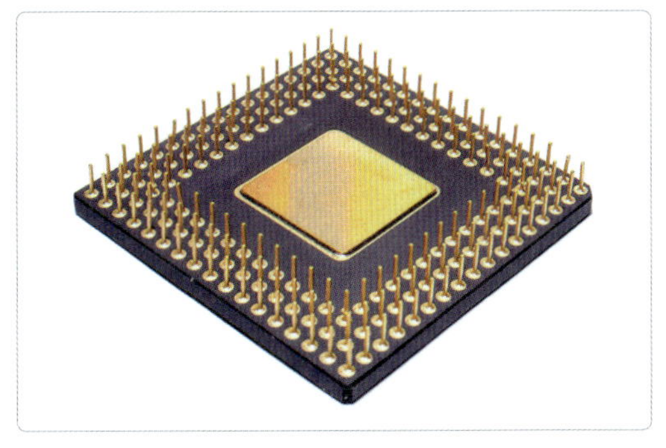

▲ CPU(중앙처리장치)

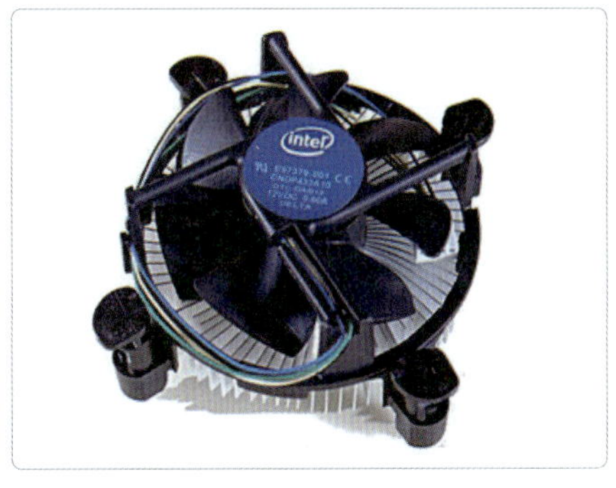

▲ CPU 쿨러

❹ **RAM(랜덤 액세스 메모리)**은 컴퓨터의 주기억장치로 사용되는 메모리로 데이터를 읽고 쓸 수 있으며, 전원이 꺼지면 기억 된 내용이 모두 소멸되는 휘발성 메모리입니다.

▲ 메인보드에 장착된 RAM(램)

▲ RAM(램)

❺ **HDD(하드디스크)**는 컴퓨터에 설치한 프로그램이나 데이터를 반영구적으로 저장할 목적으로 사용되는 저장장치로 RAM 보다는 느리지만 비휘발성 저장장치입니다.

▲ HDD(하드디스크)

▲ HDD 내부

Tip 컴퓨터 기억장치

컴퓨터 기억장치는 크게 '주기억장치'와 '보조기억장치'로 구분됩니다. 주기억장치는 컴퓨터의 전원을 끄면 데이터가 지워지는 장치로 우리가 머릿속에서만 잠깐 기억하는 것과 비슷합니다. 반면 보조기억장치는 컴퓨터의 전원을 끄더라도 저장된 데이터가 계속 남아 있는 장치로 우리가 머릿속에서 기억하고 있던 내용을 노트 등에 기록하여 필요할 때마다 확인한 것과 비슷합니다. 대표적인 주기억장치로는 RAM(램)이 있으며, 보조기억장치로는 HDD(하드디스크), SD 카드, USB 메모리 등이 있습니다.

※ 컴퓨터를 이용하여 작업을 할 때 중요한 자료는 반드시 하드디스크에 저장해야 합니다.

❻ **VGA(그래픽 카드)**는 컴퓨터에서 처리되는 영상 신호를 모니터에서 볼 수 있도록 처리해 주는 장치입니다.

▲ VGA(그래픽 카드)

❼ **파워서플라이**는 컴퓨터 내부에 전원을 공급하는 장치입니다.

▲ 파워서플라이

❶ **시스템 소프트웨어**는 사용자들이 시스템(컴퓨터)을 효율적이면서도 쉽게 사용할 수 있도록 도와주는 소프트웨어로 일반적으로 **운영체제(OS : Operating System)**라고도 합니다. 대표적인 시스템 소프트웨어로는 마이크로소프트에서 개발한 'Windows 10'이 있습니다.

※ 그 밖의 운영체제 종류로는 애플이 개발한 iOS가 있으며, 누구나 무료로 사용할 수 있는 리눅스(우분투) 등이 있습니다.

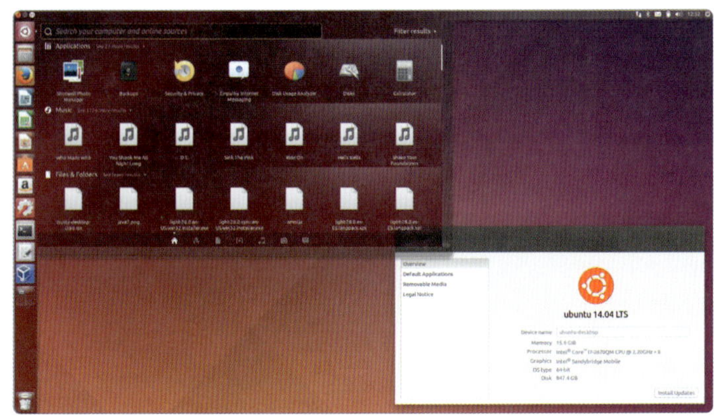

▲ Windows10 운영체제   ▲ 우분투 운영체제

❷ **응용 소프트웨어**는 시스템 소프트웨어와는 상대적인 것으로 특정 업무의 용도에 맞게 개발된 소프트웨어로 '한컴 오피스, MS 오피스, 포토샵' 등이 있습니다.

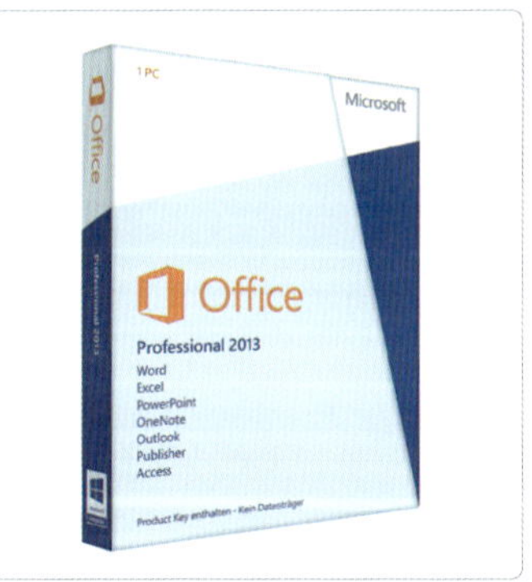
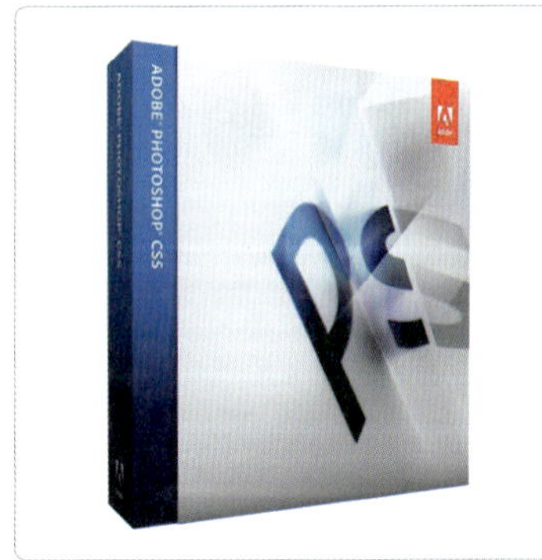

Tip 컴퓨터 포맷 후 필수 소프트웨어 설치

❶ 컴퓨터를 포맷하여 운영체제를 재설치한 경우 컴퓨터에 설치해야 하는 몇몇 필수 소프트웨어가 있습니다. 해당 소프트웨어는 **네이버 소프트웨어**(software.naver.com)에서 다운받을 수 있지만 어떤 종류(**프리웨어, 셰어웨어, 데모**)의 소프트웨어인지 꼭 확인해야 합니다.

❷ **필수 S/W** : 백신, 클리너, 압축, 메신저, 동영상 플레이어, 코덱, 캡처 등

❸ **프리웨어** : 소프트웨어 저작권에 상관없이 누구나 사용할 수 있는 프로그램입니다.

❹ **셰어웨어** : 프로그램을 일정 기간(15일 정도) 동안만 사용할 수 있는 프로그램입니다.

❺ **데모** : 프로그램의 전체 기능 중에서 특정 기능만 사용할 수 있도록 제한을 건 프로그램입니다.

 **뚝딱 1** 컴퓨터 내부의 하드웨어 구성 장치 명칭을 적어봅시다.

📂 불러올 파일 : 없음　💾 완성된 파일 : 없음

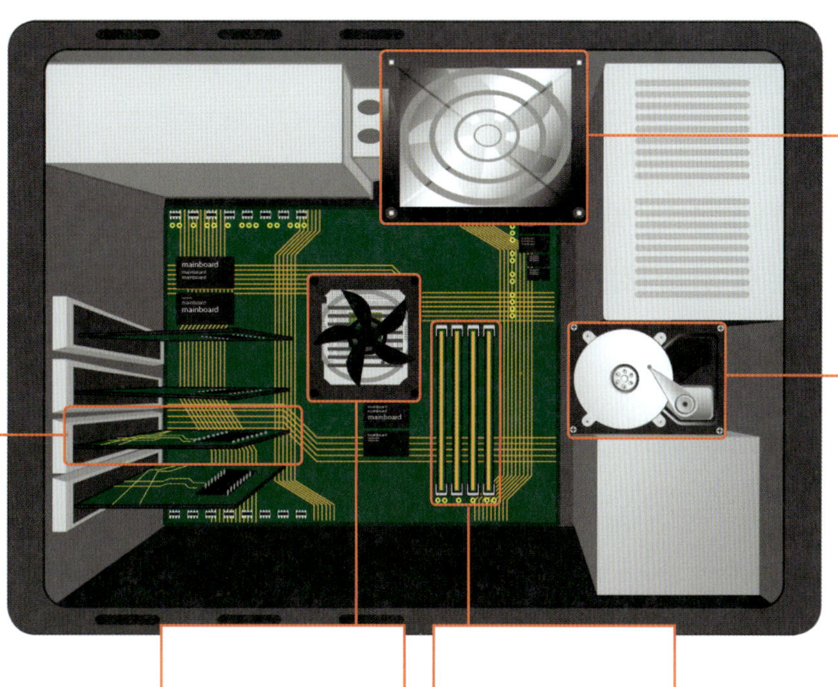

뚝딱 2 시스템 소프트웨어와 응용 소프트웨어를 구분하여 적어봅시다.

📂 불러올 파일 : 없음　💾 완성된 파일 : 없음

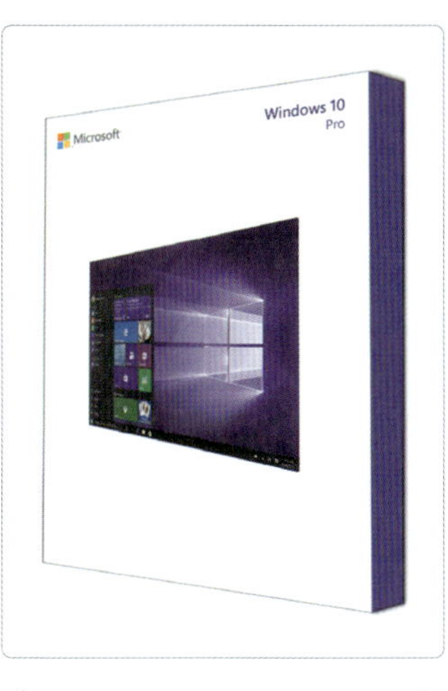

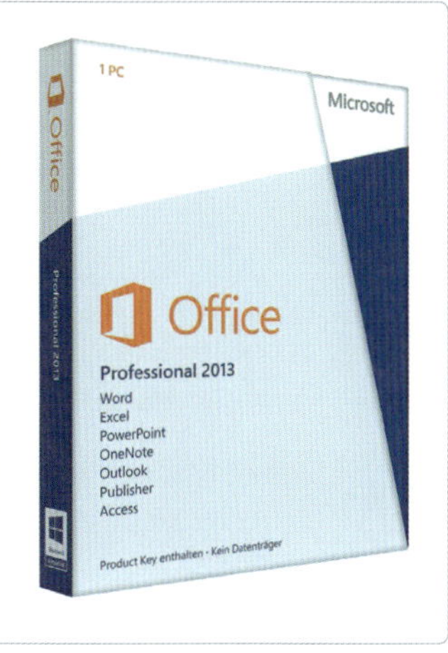

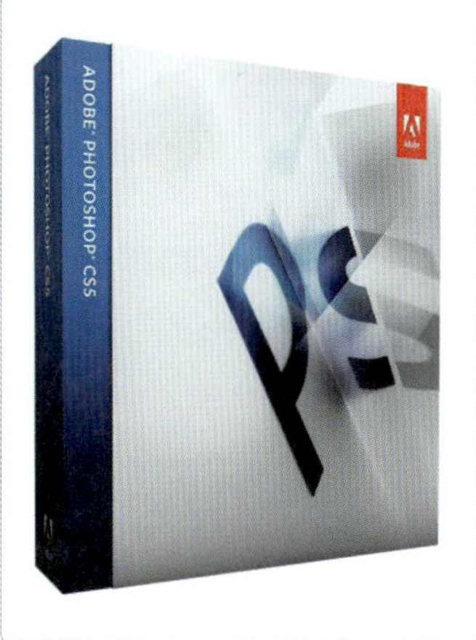

(　　　　　　　　　) (　　　　　　　　　) (　　　　　　　　　)

파일 탐색기 실행 및 화면 구성

완성 작품 미리보기

📁 불러올 파일 : 없음　💾 완성된 파일 : 없음

▶ [파일 탐색기]를 실행하는 방법과 화면 구성에 대해서 알아봅시다.

▶ [자주 사용하는 폴더] 및 [최근에 사용한 파일] 정보가 나오지 않도록 설정해 봅시다.

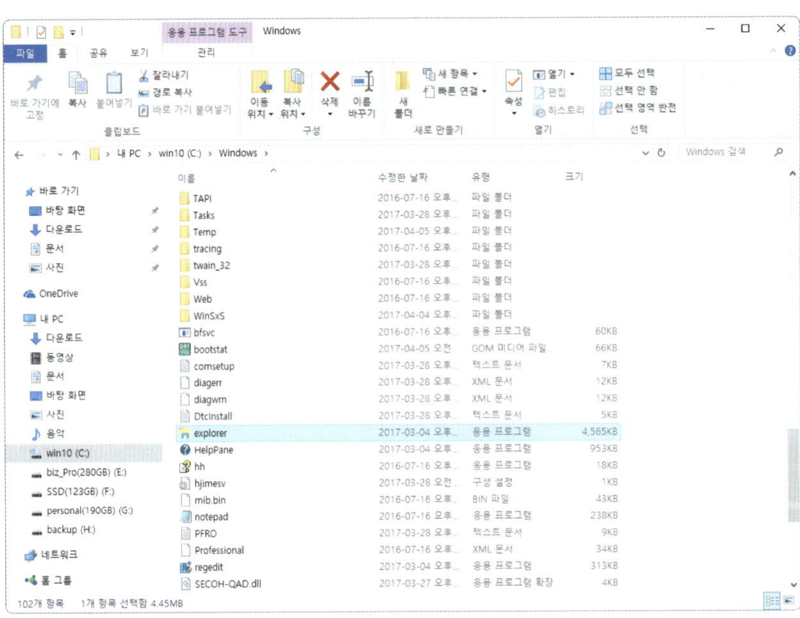

1 다양한 방법으로 [파일 탐색기]를 실행해 봅시다.

① 방법 1 : 작업 표시줄에서 [파일 탐색기] 아이콘(　)을 클릭합니다.

② 방법 2 : [시작] 단추(　)를 클릭한 후 [Windows 시스템]-[파일 탐색기]를 클릭합니다.

③ 방법 3 : [Windows 검색] 칸에 '파일 탐색기'를 입력한 후 검색된 [파일 탐색기]를 클릭합니다.

④ 방법 4 : [시작] 단추(　)를 클릭한 후 '파일 탐색기(　)' 아이콘을 클릭합니다.

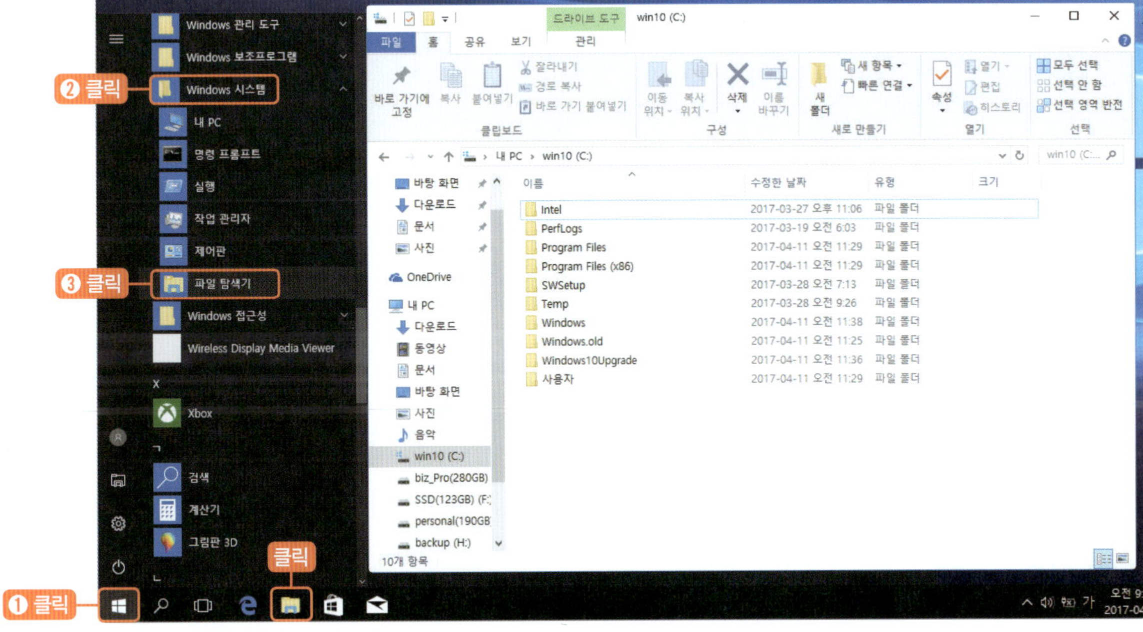

[시작] 메뉴에 [파일 탐색기] 아이콘(　) 없을 경우

[시작] 메뉴에서 설정(　)을 클릭한 후 [Windows 설정] 창이 나오면 [개인 설정]을 클릭합니다. [개인 설정]이 활성화되면 [시작]을 클릭한 후 시작 메뉴에 표시할 폴더 선택을 클릭합니다. [시작 메뉴에 표시할 폴더 선택]으로 화면이 전환되면 '파일 탐색기'를 '켬'으로 설정합니다.

[파일 탐색기]의 화면 구성에 대해 알아봅시다.

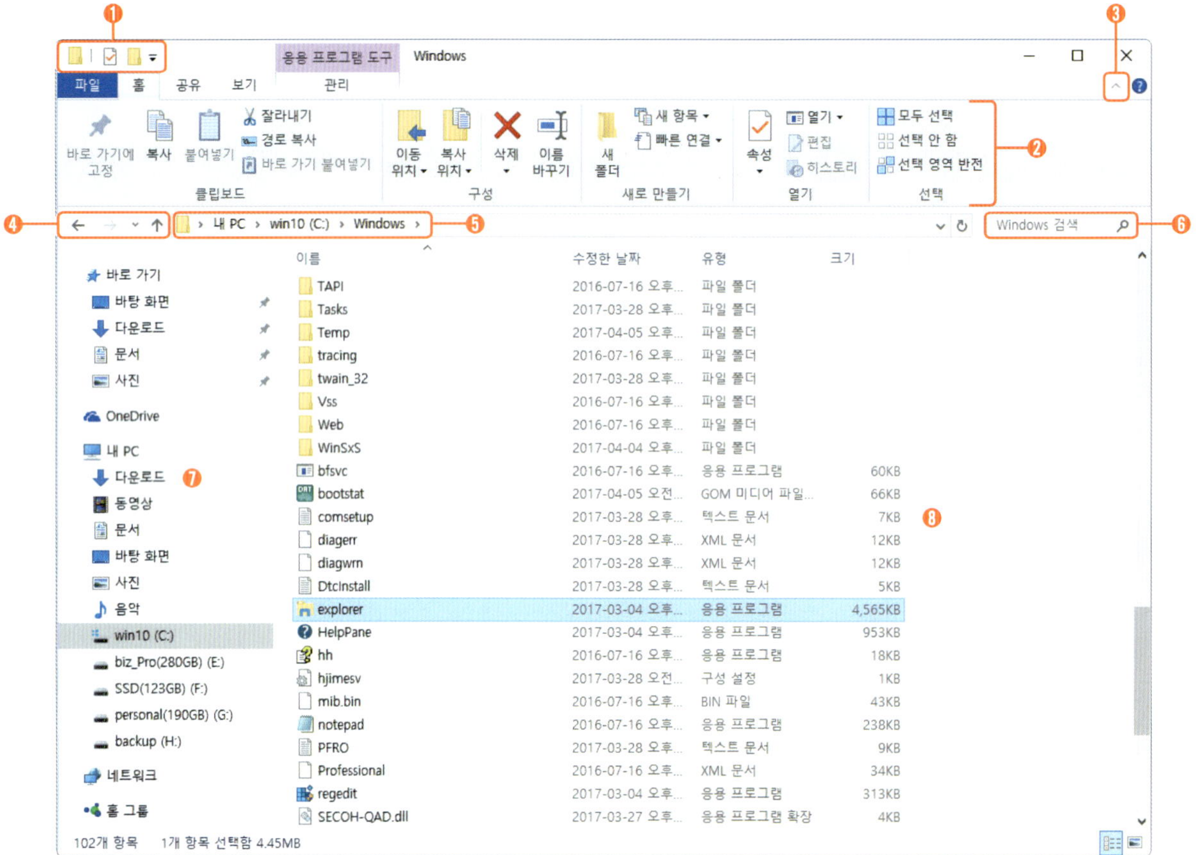

① **빠른 실행 도구 모음** : 자주 사용하는 명령을 모아 놓은 곳으로 필요할 경우 [빠른 실행 도구 모음 사용자 지정](▾)을 클릭하여 도구 모음을 추가적으로 활성화시킬 수 있습니다.

② **리본 메뉴** : 메뉴([홈], [공유], [보기] 등)에 관련된 다양한 명령을 아이콘 형태로 제공합니다.

③ **[리본 메뉴 최소화] 단추(⌃)** : 화면에 리본 메뉴가 보이지 않도록 감춥니다. 감추어진 리본 메뉴를 다시 보이게 할 경우에는 [리본 메뉴 확장] 단추(⌄)를 클릭합니다.

④ **이동 단추(← → ⌄ ↑)** : 뒤로(←)는 이전 위치로 이동, 앞으로(→)는 다음 위치로 이동, 최근 위치(⌄)는 최근에 이동한 위치로 이동, 위로(↑)는 현재 폴더에서 상위 폴더로 이동합니다.

⑤ **주소 표시줄** : 현재 경로를 보여주며, 경로를 직접 입력하거나 선택하여 이동할 수도 있습니다.

⑥ **검색 칸** : 검색할 키워드(단어)를 입력하면 현재 폴더와 하위 폴더에 저장된 파일을 검색할 수 있습니다.

❼ **탐색 창** : 파일 탐색기 화면의 왼쪽 창으로 '드라이브'나 '폴더' 등을 빠르게 이동할 수 있습니다.

❽ **파일 목록 창** : 탐색 창에서 선택한 드라이브나 폴더의 '세부 내용(폴더, 파일 등)'들이 표시되는 창으로 화면의 오른쪽 창 입니다.

Tip

파일(File)과 폴더(Folder)

❶ 파일(File)이란 **정보가 저장된 하나의 개체**로 '문서, 사진, 동영상, 음악' 등과 같이 다양한 형태를 가지고 있습니다. 우리가 자주 사용하는 파일은 종류(한글 파일, 엑셀 파일, 파워포인트 파일, 이미지 파일, 음악 파일 등)도 많지만 같은 종류의 파일(일기.hwp, 과제.hwp, 연락처.hwp 등)들도 수없이 많기 때문에 반드시 구분이 필요합니다. 파일을 구분할 때는 기본적으로 '파일명.확장명'으로 구분되는데 확장명은 파일의 종류(파워포인트.pptx, 한글.hwp, 동영상.avi, 음악.mp3 등)에 따라 다르게 나옵니다.

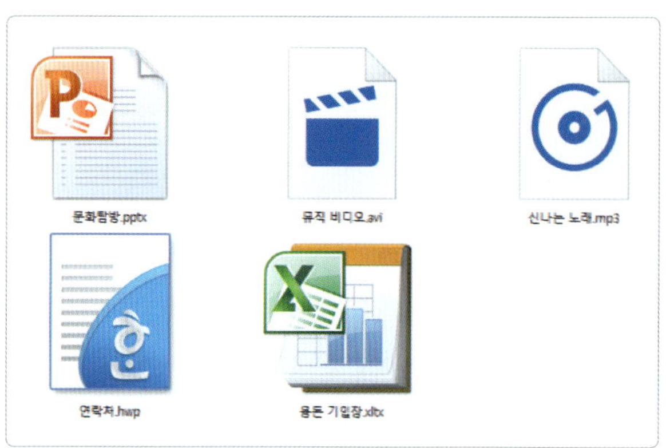

▲ 파일명과 확장자

❷ 폴더(Folder)란 **파일을 담아두기 위한 것**으로 [파일 탐색기]에서는 노란색 서류철(▢) 모양으로 되어 있습니다. 폴더를 만들어서 파일을 관리할 때는 폴더 안에 어떤 파일들이 들어 있는지 한 눈에 알아볼 수 있도록 폴더명을 입력한 후 관련된 파일들을 정리하여 모아 놓는 것이 좋습니다.

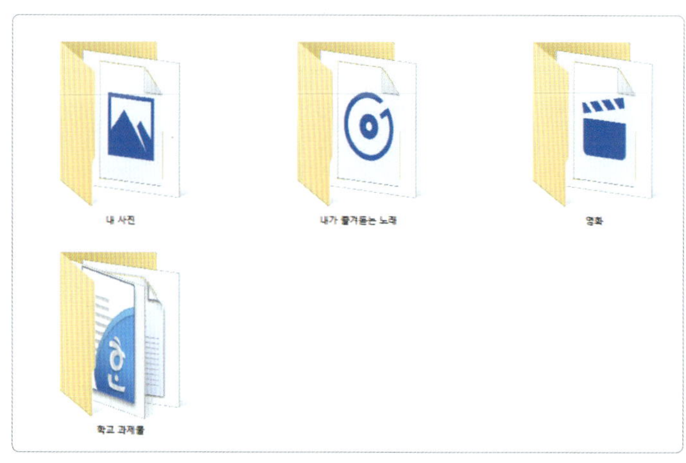

▲ 폴더로 파일 관리(폴더명)

[자주 사용하는 폴더] 및 [최근에 사용한 파일] 정보가 나오지 않도록 설정해 봅시다.

❶ [파일 탐색기]에서 [바로 가기(⌄ ★ 바로 가기)]를 클릭하여 최근에 사용한 파일 및 폴더 정보를 확인한 후 [파일]-[폴더 및 검색 옵션 변경]을 선택합니다.

※ [파일 목록 창]에서 '폴더' 또는 '파일'이 선택되어 있는 경우에는 [폴더 및 검색 옵션 변경] 메뉴가 [옵션]으로 변경되어 나옵니다.

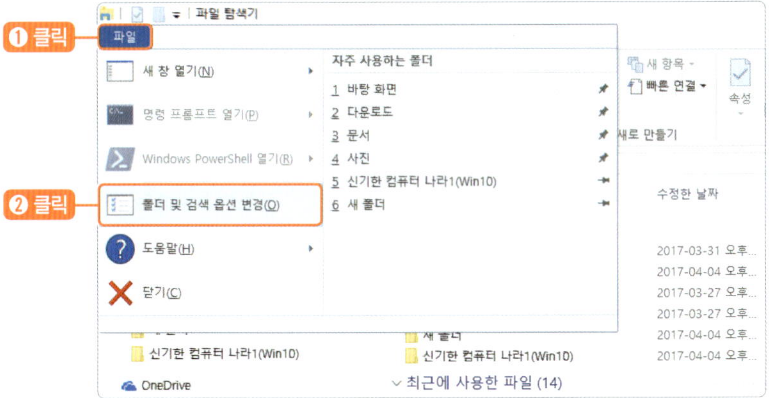

❷ [폴더 옵션] 창이 나오면 [일반] 탭의 '개인 정보 보호' 항목에서 **빠른 실행에 최근에 사용된 파일 표시**와 **빠른 실행에 최근에 사용된 폴더 표시**를 선택하여 체크를 해제한 후 〈확인〉을 클릭합니다.

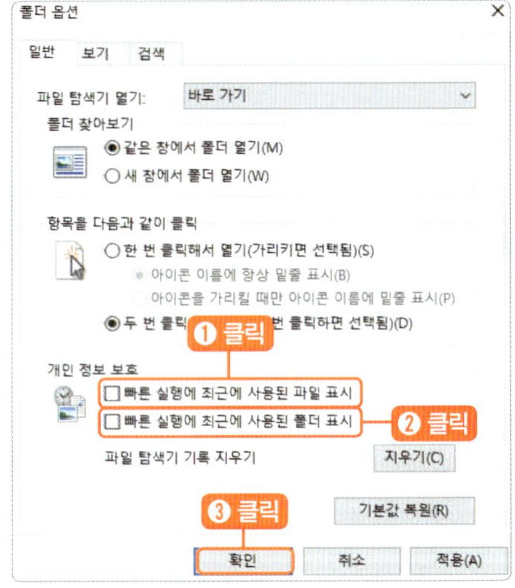

❸ [파일 탐색기]를 다시 실행하면 [바로 가기]에 표시되었던 '최근에 사용한 파일' 및 '최근에 사용한 폴더'가 더 이상 표시되지 않습니다.

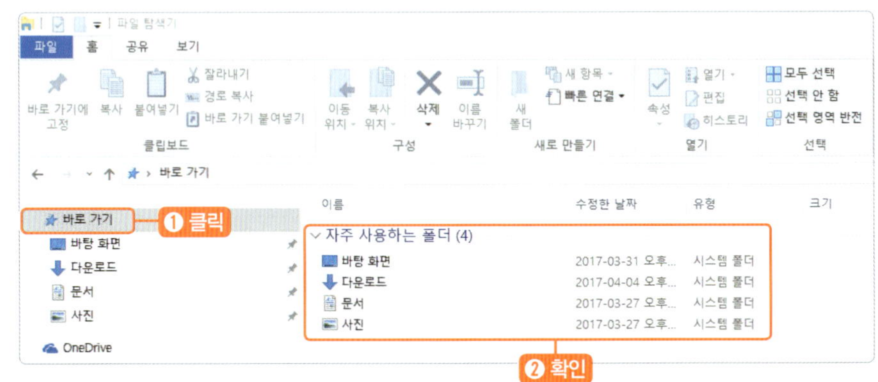

뚝딱 1 [파일 탐색기]를 실행하여 [탐색 창]과 [파일 목록 창] 사이의 너비를 조절해 봅시다.

📂 불러올 파일 : 없음   💾 완성된 파일 : 없음

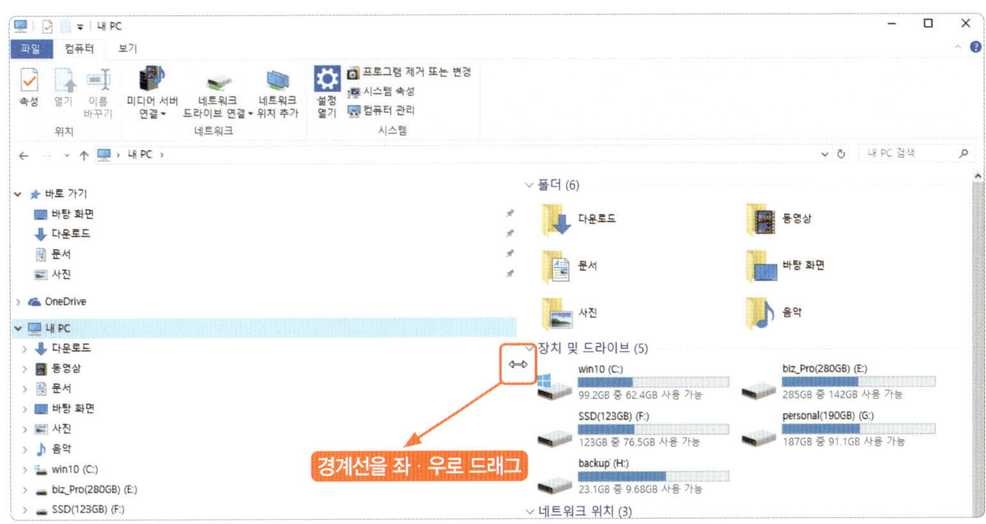

뚝딱 2 [파일 탐색기]를 실행하였을 때 기본 화면이 [바로 가기]가 아닌 [내 PC]로 변경해 봅시다.

📂 불러올 파일 : 없음   💾 완성된 파일 : 없음

① [파일 탐색기]에서 [파일] 메뉴를 클릭한 후 [폴더 및 검색 옵션 변경]을 선택합니다.

② [폴더 옵션] 창이 나오면 [일반] 탭의 '파일 탐색기 열기' 항목을 **내 PC**로 변경합니다.

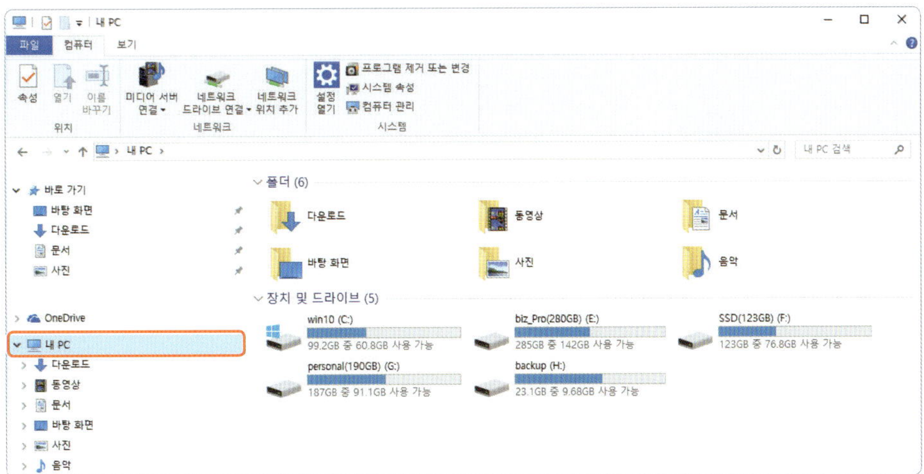

파일 보기(레이아웃) 및 정렬

완성 작품 미리보기

📂 불러올 파일 : [파일 탐색기 예제] 폴더　💾 완성된 파일 : 없음

▶ [파일 탐색기] 오른쪽에 [미리 보기 창]과 [세부 정보 창]이 나오도록 설정해 봅시다.

▶ [파일 목록 창]의 파일들을 다양한 형태(자세히 등)로 볼 수 있도록 설정해 봅시다.

▶ [파일 목록 창]의 파일들을 '오름차순' 또는 '내림차순'으로 정렬시켜 봅시다.

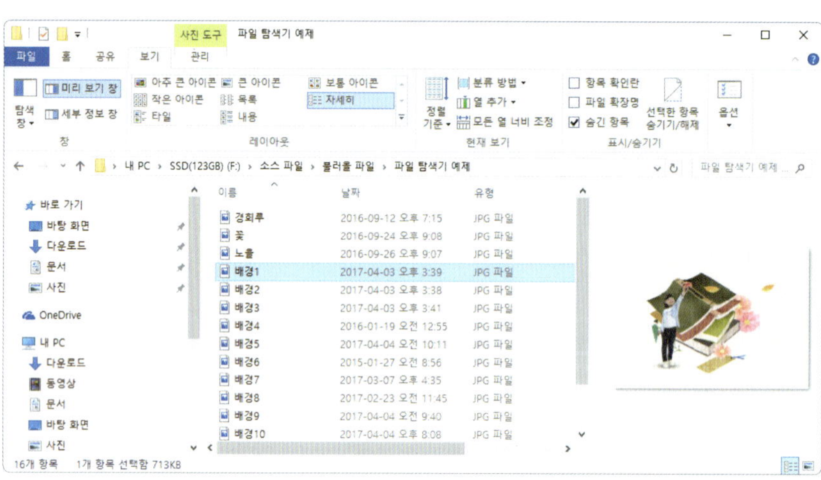

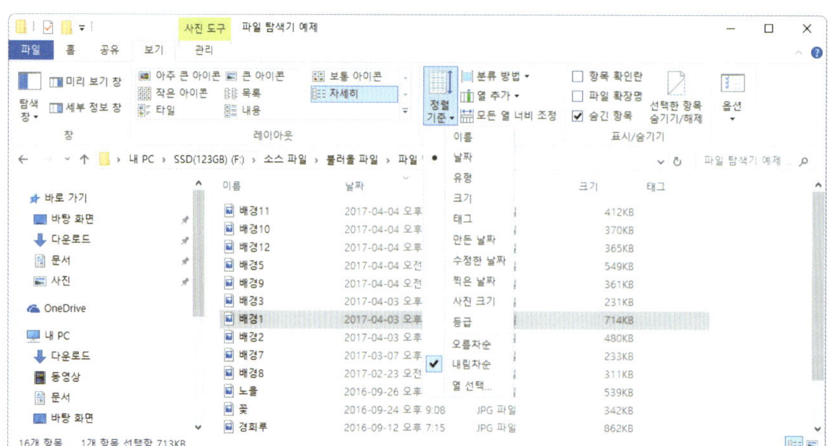

 **'미리 보기 창' 및 '세부 정보 창'을 활성화시켜 봅시다.**

❶ 작업 표시줄에서 [파일 탐색기(▨)]를 클릭합니다. [파일 탐색기]가 실행되면 [소스 파일]–[불러올 파일]–[파일 탐색기 예제] 폴더를 열어서 [보기] 탭을 클릭합니다.

※ 특정 폴더를 열 때는 해당 폴더를 더블클릭 합니다. 아래 이미지는 [레이아웃] 그룹에서 '큰 아이콘'이 선택된 상태입니다.

❷ [창] 그룹에서 [탐색 창] 명령 단추를 클릭한 후 **[탐색 창]**을 선택하여 체크를 해제하면 [파일 탐색기]에서 [탐색 창]이 보이지 않습니다.

※ [탐색 창]을 다시 클릭하여 체크(∨)가 표시되면 [파일 탐색기]에서 [탐색 창]이 보입니다.

❸ [창] 그룹에서 **[미리 보기 창]** 명령 단추를 클릭하면 오른쪽에 '미리 보기 창'이 활성화되어 파일 내용을 미리 확인할 수 있습니다. 단, 미리 보기가 지원되지 않는 파일도 있습니다.

※ 아래 이미지는 [레이아웃] 그룹에서 '자세히'로 선택된 상태입니다.

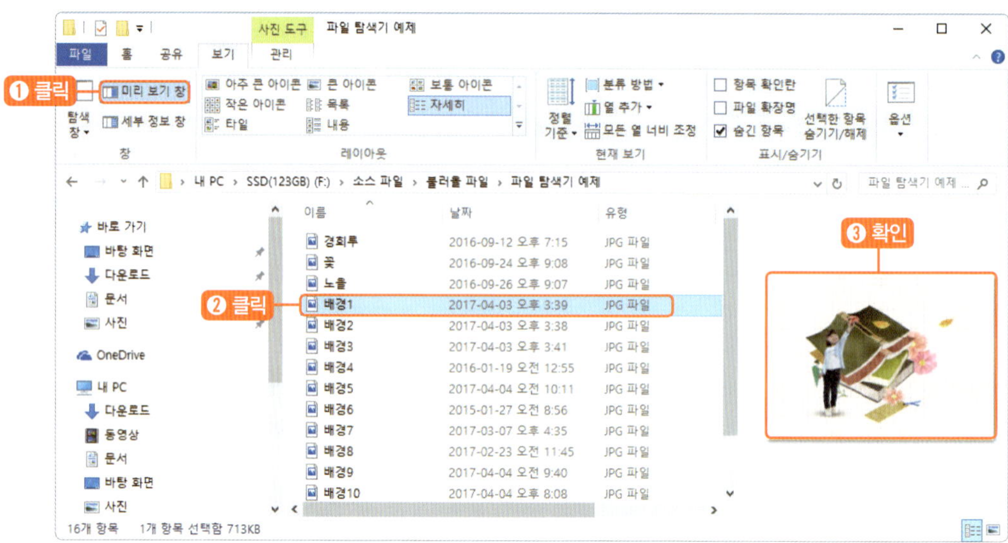

❹ [창] 그룹에서 **[세부 정보 창]** 명령 단추를 클릭하면 오른쪽에 '세부 정보 창'이 활성화되어 파일 정보를 미리 확인할 수 있습니다.

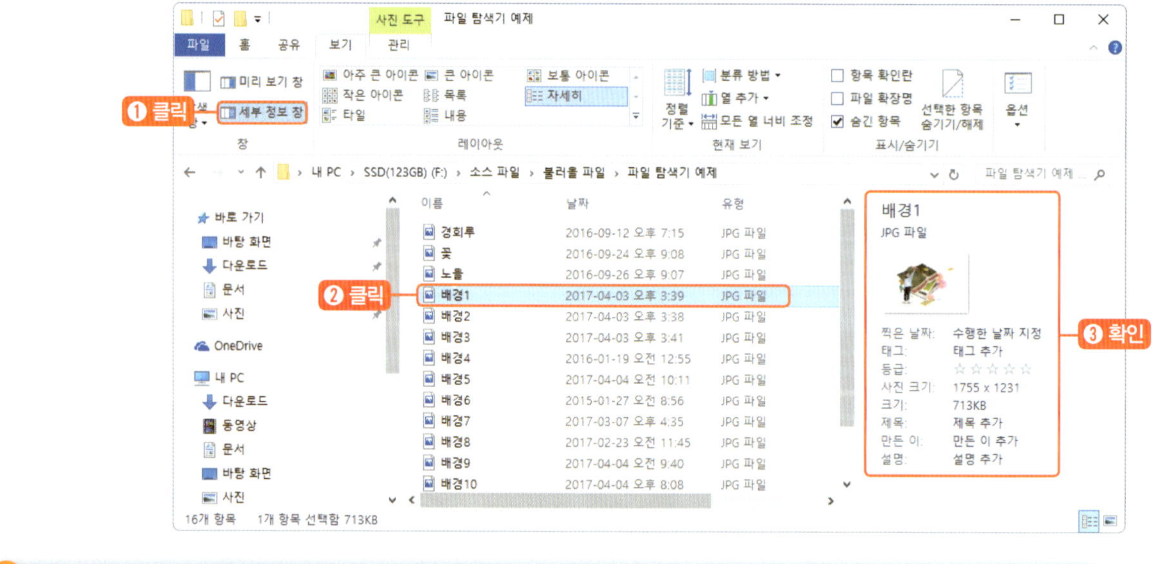

Tip

[미리 보기 창]과 [세부 정보 창]

[미리 보기 창]과 [세부 정보 창] 명령 단추는 클릭을 하면 해당 기능이 적용되고 다시 한 번 클릭하면 해당 기능이 해제됩니다.

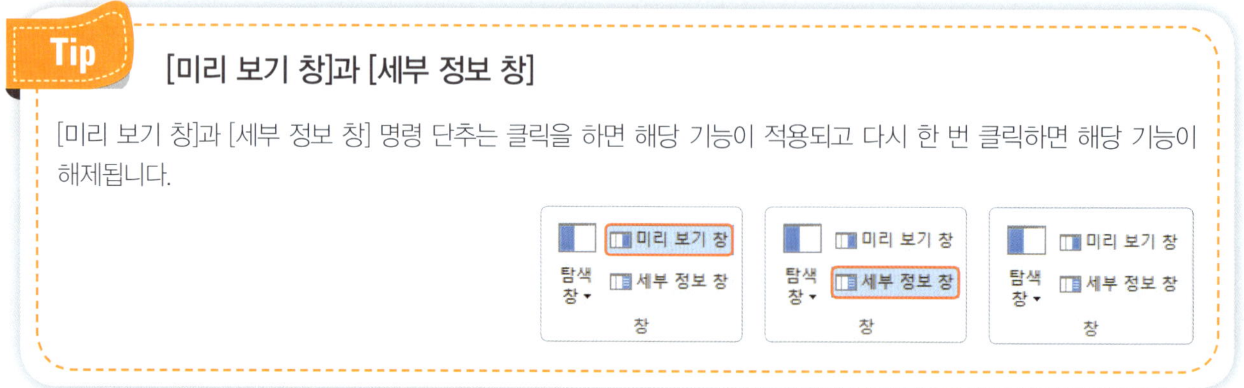

레이아웃을 다양한 형태(큰 아이콘, 자세히, 타일 등)로 변경해 봅시다.

❶ [보기] 탭의 [레이아웃] 그룹에서 '아주 큰 아이콘'을 클릭합니다. 이어서 '큰 아이콘, 보통 아이콘, 작은 아이콘, 목록, 자세히, 타일, 내용'을 차례대로 클릭하여 파일들이 어떤 형태로 파일 목록 창에 표시되는지 확인합니다.

※ 원하는 레이아웃을 클릭하지 않고도 마우스 포인터를 위에 올려놓으면 해당 레이아웃을 미리 볼 수 있습니다.

❷ [파일 목록 창] 오른쪽 아래 부분을 보면 레이아웃 중 일반적으로 가장 많이 사용하는 '자세히(▤)'와 '큰 아이콘(▤)'이 있어 레이아웃을 빠르게 변경할 수 있습니다.

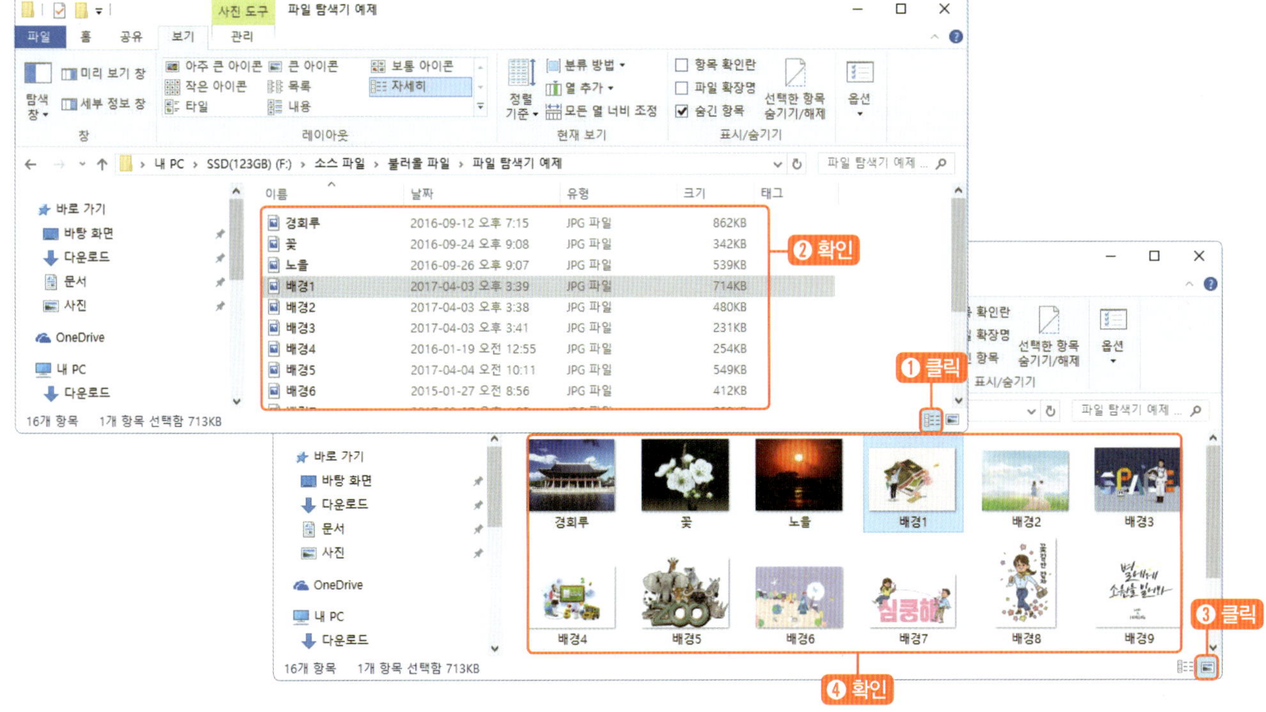

3 파일들을 일정한 기준으로 '정렬' 및 '분류'시켜 봅시다.

❶ **[현재 보기]** 그룹에서 **[정렬기준]**을 클릭합니다. 여러 가지 정렬 기준이 나오면 원하는 기준을 선택하여 파일들이 어떻게 정렬되는지 확인합니다. 단, 정렬 기준이 '오름차순' 또는 '내림차순'에 따라 정렬이 달라집니다.

※ 정렬 결과를 확인하기 위하여 레이아웃을 '자세히(▤)'로 설정합니다.

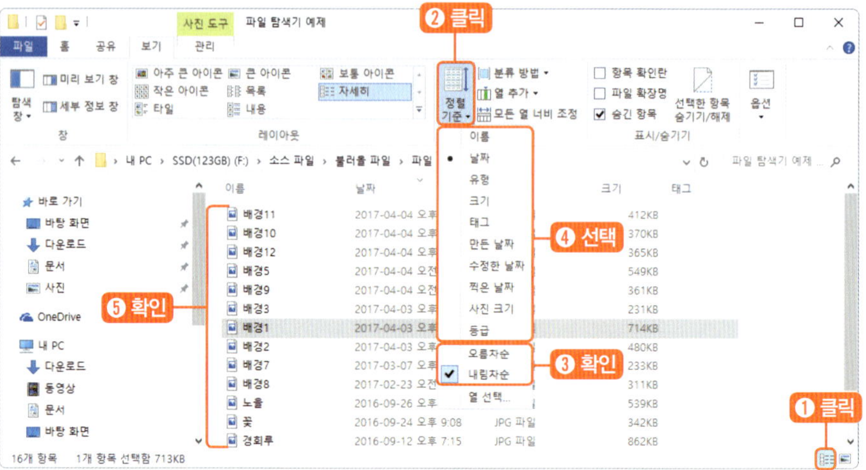

❷ **[현재 보기]** 그룹에서 **[분류 방법]**을 클릭합니다. 여러 가지 분류 방법이 나오면 원하는 분류를 선택하여 파일들이 어떻게 분류되는지 확인합니다.

※ [분류 방법]에서 '(없음)'을 선택하면 분류 작업이 해제됩니다.

뚝딱 1 [파일 탐색기]를 실행하여 하위 폴더를 열고 감추어 봅시다.

📂 불러올 파일 : 없음   📄 완성된 파일 : 없음

① [파일 탐색기]의 [탐색 창]에서 [Win10(C:)] 왼쪽의 '⟩' 단추를 클릭합니다.

② [Win10(C:)] 하위 폴더 중에서 [Windows] 폴더 왼쪽의 '⟩' 단추를 클릭합니다.

③ [Windows] 하위 폴더 중에서 [Cursors] 폴더를 클릭하여 [파일 목록 창]에서 파일들을 확인합니다.

④ 파일 확인이 끝나면 [Windows] 폴더 왼쪽의 '⌄' 단추를 클릭하여 하위 폴더를 닫습니다.

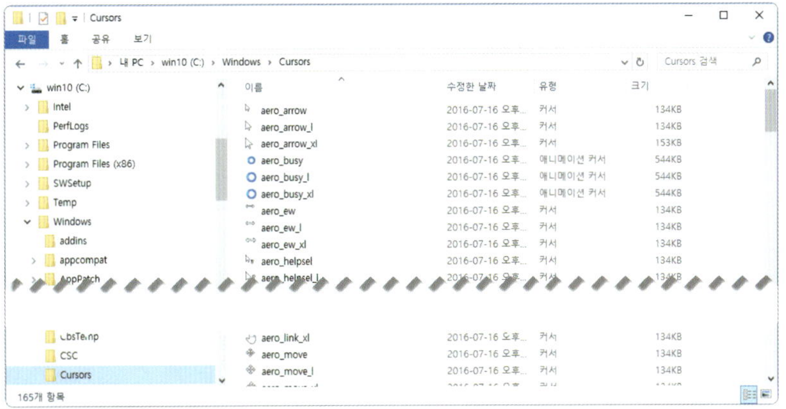

뚝딱 2 [파일 목록 창]의 열 제목명을 이용하여 빠른 방법으로 파일들을 정렬해 봅시다.

📂 불러올 파일 : 없음   📄 완성된 파일 : 없음

① [Windows] 폴더를 클릭한 후 [파일 목록 창]에서 '유형'을 클릭하여 해당 열을 기준으로 정렬시킵니다.

② 열 제목명(유형)을 클릭할 때마다 '오름차순(⌃)'과 '내림차순(⌄)'으로 구분되어 정렬됩니다.

③ '이름, 수정한 날짜, 크기'도 열 제목명을 클릭하여 각각 정렬시킵니다.

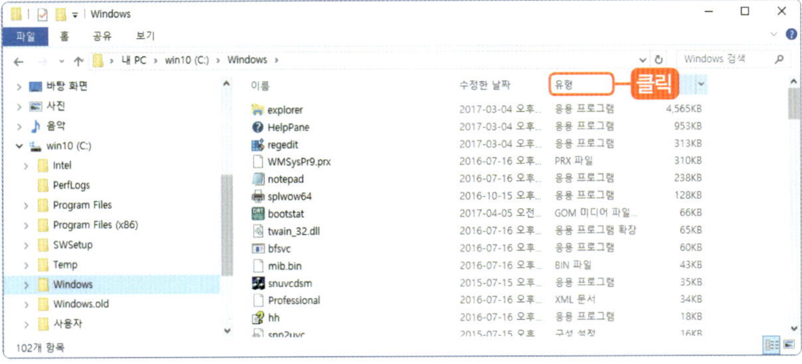

인터넷 윤리 및 중독 확인

완성 작품 미리보기

📁 불러올 파일 : 없음   💾 완성된 파일 : 없음

- ▶ 쥬니어네이버에서 '인터넷 윤리'를 공부해 봅시다.
- ▶ 인터넷 및 스마트 폰 중독에 대해서 알아봅시다.
- ▶ 인터넷 및 스마트 폰 중독을 진단해 봅시다.

쥬니어네이버에서 인터넷 윤리를 공부해 봅시다.

❶ [시작] 메뉴 또는 [작업 표시줄]을 이용하여 [Microsoft Edge]를 실행합니다. '주소 및 검색 입력' 칸에 jr.naver.com을 입력한 후 Enter 키를 누릅니다. 쥬니어네이버 홈 페이지가 열리면 스크롤바를 맨 아래쪽으로 내려서 [캠페인]을 클릭합니다.

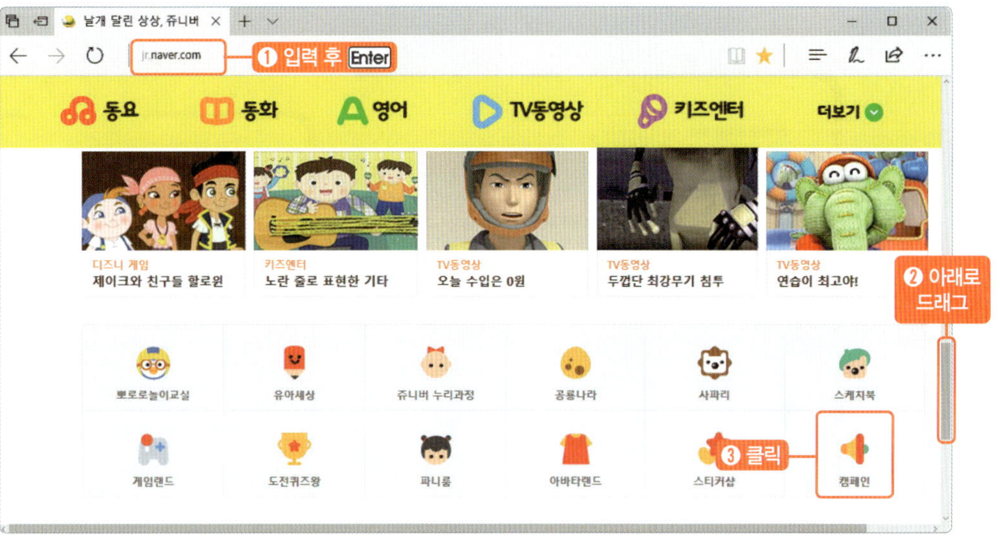

❷ 어린이 안전 캠페인 웹 페이지가 열리면 여러 가지 안전 캠페인 중에서 [인터넷 윤리시간] 아래쪽의 〈보러가기〉를 클릭합니다.

※ '주소 및 검색 입력' 칸에 study.jr.naver.com/safe를 입력한 후 Enter 키를 누르면 빠르게 이동이 가능합니다.

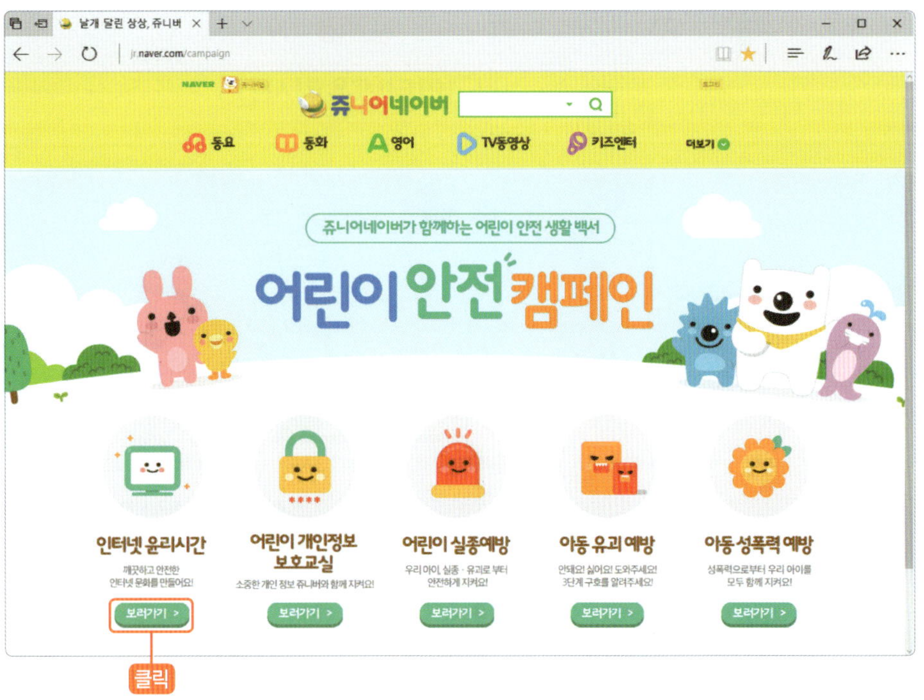

❸ '인터넷윤리시간' 웹 페이지가 열리면 **윤리 십계명**부터 **저작권 침해**까지 차례대로 클릭하여
세부 내용을 확인합니다.

❹ 모든 내용 확인이 끝나면 상단 제목인 **인터넷윤리시간**을 클릭합니다. 첫 페이지로 이동하면
〈수료증 발급하기〉를 클릭하여 인터넷윤리에서 학습한 내용을 간단히 테스트 한 후 수료증
을 발급 받습니다.

 **2** **인터넷 및 스마트 폰 중독에 대해서 알아봅시다.**

❶ [새 탭(+)]을 클릭한 후 '주소 및 검색 입력' 칸에 **스마트 쉼 센터**를 입력하고 Enter 키를 누릅니다. 해당 사이트가 검색되어 나오면 '스마트 쉼 센터'를 클릭합니다.

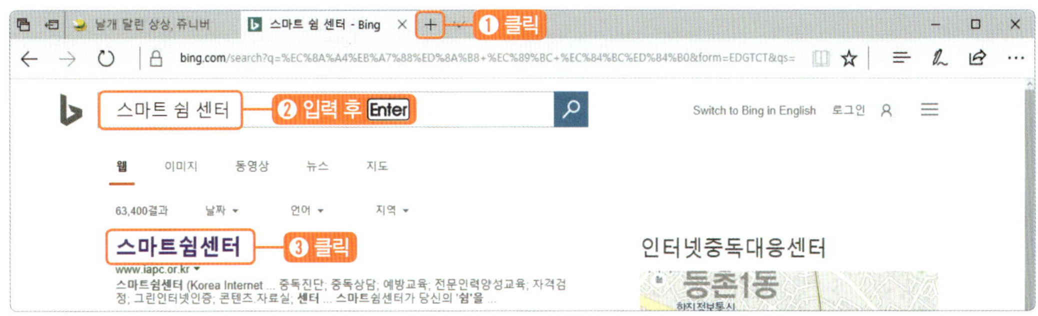

❷ '스마트 쉼 센터' 홈페이지가 열리면 [**인터넷중독이란?**]을 클릭합니다.

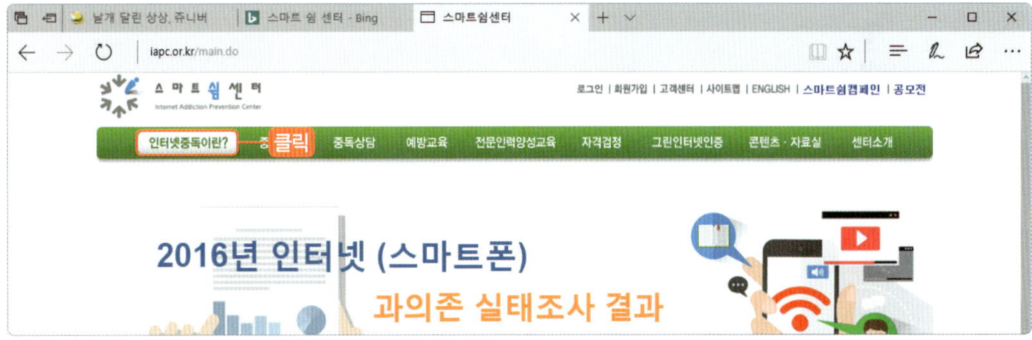

❸ [인터넷 중독이란?] 웹 페이지가 열리면 왼쪽 메뉴 중에서 **인터넷중독이란?**과 **스마트폰중독이란?**을 클릭하여 해당 내용을 확인합니다.

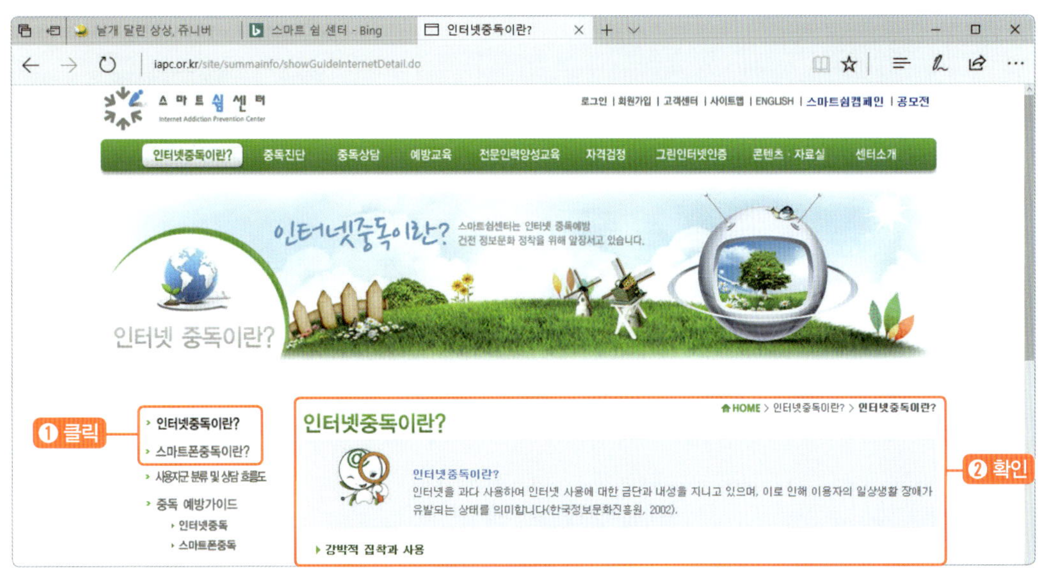

④ 인터넷 및 스마트 폰 중독에 대한 내용 확인이 끝나면 [중독진단] 메뉴를 클릭합니다. **[중독 진단]** 웹 페이지가 열리면 왼쪽 메뉴 중 **인터넷중독진단**에서 본인 나이에 맞는 '유아동대상' 또는 '청소년대상(청소년 자가 진단)'을 클릭합니다.

※ 유아동대상 : 만5세~만9세, 청소년대상 : 만10세 이상

⑤ 중독 진단표가 나오면 간단한 개인정보를 선택한 후 '1번부터 15번'까지 문항의 내용을 읽고 해당되는 내용을 체크한 다음 **〈결과보기〉**를 클릭합니다.

※ 인터넷 중독 유형이 나오면 어떤 유형과 특성이 있는지 확인합니다.

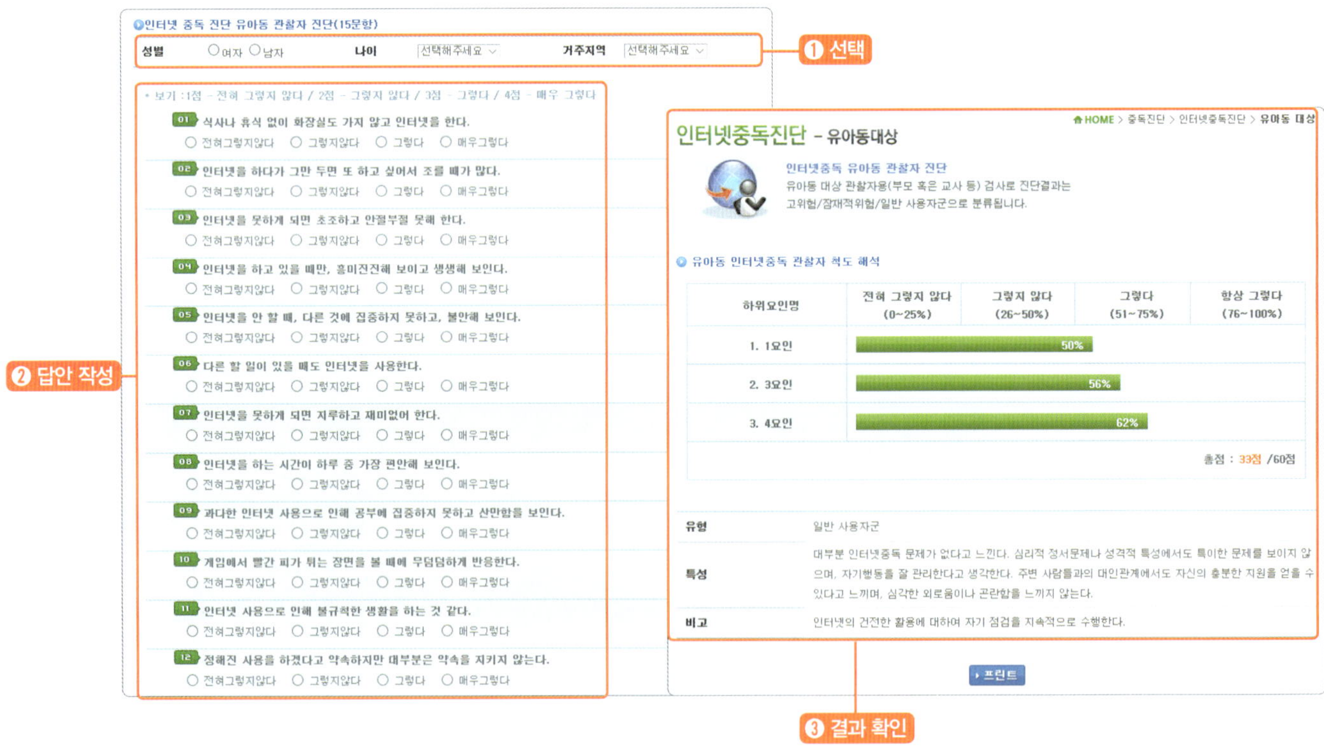

혼자서 뚝딱 뚝딱!

뚝딱 1 스마트폰중독진단을 클릭하여 본인 나이에 맞는 항목으로 진단을 한 후 결과를 확인해 보세요.

📁 불러올 파일 : 없음　💾 완성된 파일 : 없음

뚝딱 2 [콘텐츠 · 자료실] 메뉴를 클릭하여 '인터넷중독' 및 '스마트폰중독' 동영상을 확인해 보세요.

📁 불러올 파일 : 없음　💾 완성된 파일 : 없음

① **스마트폰중독** : [스마트미디어중독예방] 클릭 → 대상(초등) → 유형(스마트폰 중독) → 포맷(동영상) → 〈검색〉 → 원하는 제목을 클릭하여 동영상을 확인

② **인터넷중독** : [인터넷중독예방] 클릭 → 대상(초등) → 유형(인터넷중독) → 포맷(동영상) → 〈검색〉 → 원하는 제목을 클릭하여 동영상을 확인

※ 동영상이 정상적으로 실행되지 않을 경우 '구글 크롬(Chrome)'을 이용하여 '스마트 쉼 센터' 홈 페이지에 접속한 후 동영상 정보를 확인하세요.

파일 선택 및 속성 설정하기

완성 작품 미리보기

📂 불러올 파일 : 없음   💾 완성된 파일 : 없음

▶ 항목 확인란을 이용하여 여러 개의 파일들을 선택해 봅시다.

▶ 파일을 숨기고 숨겨진 파일을 확인해 봅시다.

▶ 파일 또는 폴더를 선택하여 압축(ZIP)해 봅시다.

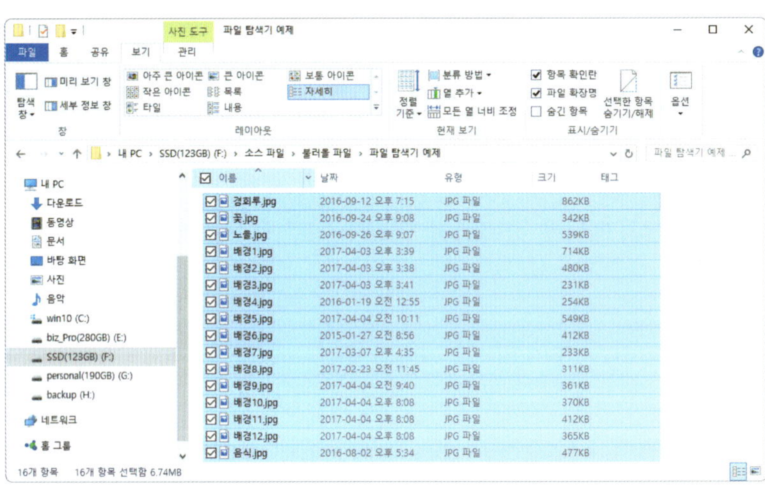

 항목 확인란을 이용하여 여러 개의 파일들을 선택해 봅시다.

❶ 작업 표시줄에서 [파일 탐색기(📁)]를 클릭합니다. [파일 탐색기]가 실행되면 [소스 파일]-[불러올 파일]-[파일 탐색기 예제] 폴더를 열고 [보기] 탭을 클릭합니다.

　※ 특정 폴더를 열 때는 해당 폴더를 더블클릭 합니다. 아래 이미지는 [레이아웃] 그룹에서 '자세히'로 선택된 상태입니다.

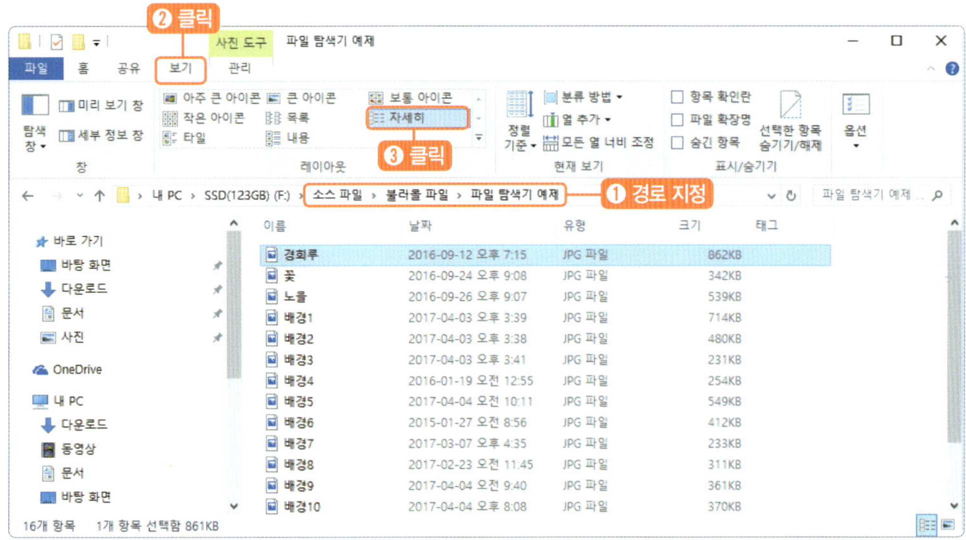

❷ [표시/숨기기] 그룹에서 [항목 확인란]을 클릭합니다. 항목 확인란이 선택(☑ 항목 확인란) 되면 파일명 왼쪽에 확인란이 생기며, 마우스를 이용하여 여러 개의 파일들을 선택할 수 있습니다.

　※ [항목 확인란]을 다시 클릭하여 체크를 해제하면 확인란이 없는 원래 상태로 되돌아옵니다.

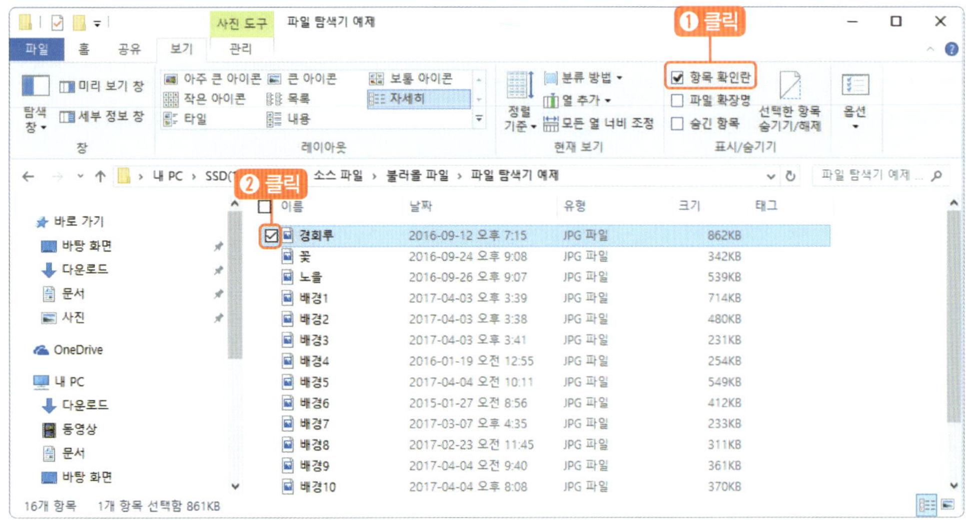

항목 확인란을 이용한 파일 선택

❶ 모든 파일을 한 번에 선택할 경우에는 '이름' 왼쪽의 확인란을 클릭합니다.

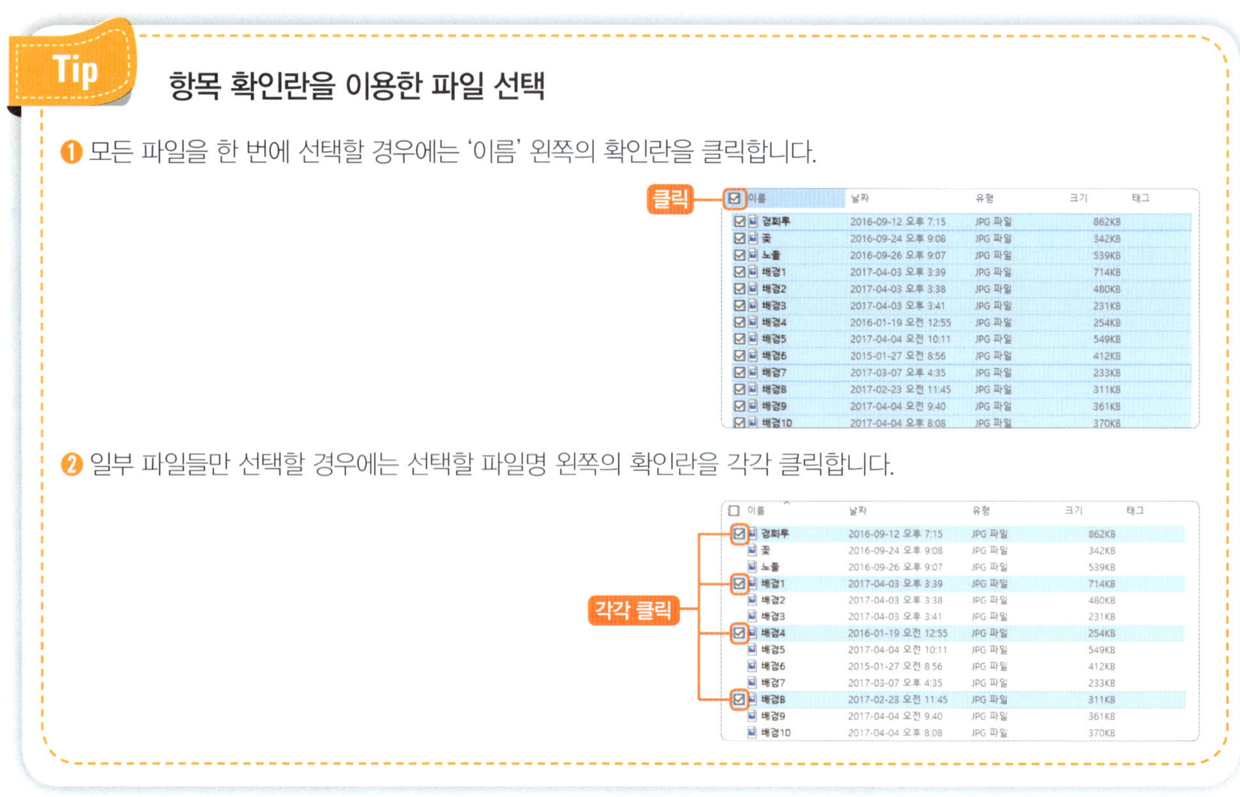

❷ 일부 파일들만 선택할 경우에는 선택할 파일명 왼쪽의 확인란을 각각 클릭합니다.

2 파일을 숨기고 숨겨진 파일을 확인해 봅시다.

❶ [파일 목록 창]에서 화면에 숨길 파일들을 선택한 후 [표시/숨기기] 그룹에서 [선택한 항목 숨기기/해제] 명령 단추를 클릭하여 선택한 파일이 숨겨지는 것을 확인합니다.

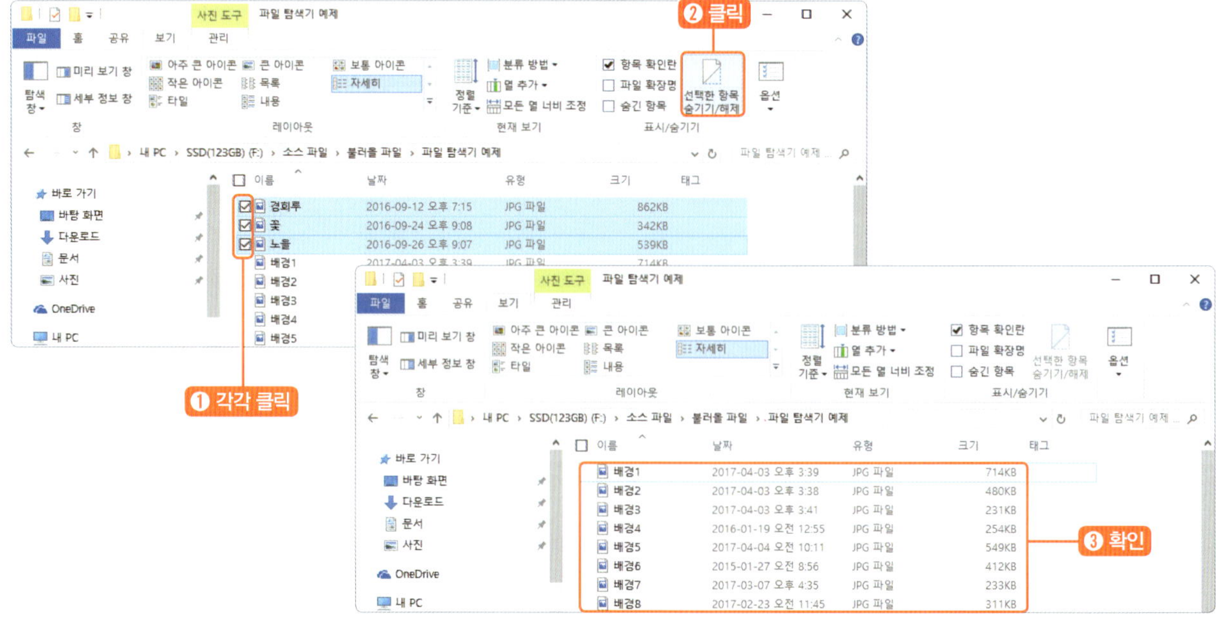

❷ 숨겨진 파일들을 확인하고자 할 경우에는 [표시/숨기기] 그룹에서 [숨긴 항목]을 클릭(☑ 숨긴 항목)하면 숨겨진 파일을 확인할 수 있습니다.

※ 숨겨진 파일은 흐리게 표시되어 구분됩니다.

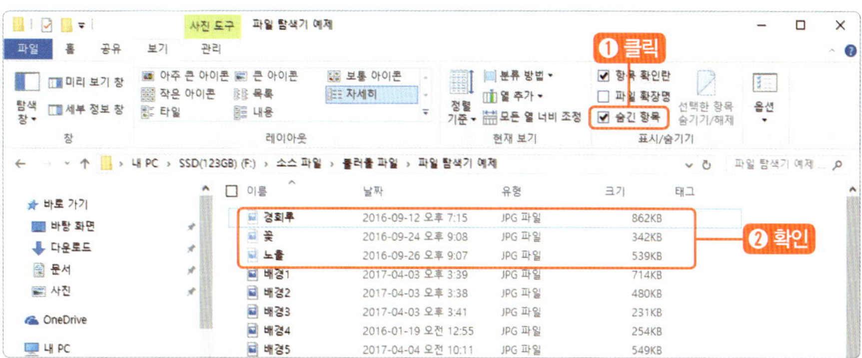

❸ 숨겨진 파일들을 선택한 후 [표시/숨기기] 그룹에서 [선택한 항목 숨기기/해제] 명령 단추를 클릭하면 숨기기가 해제되어 정상적으로 표시됩니다.

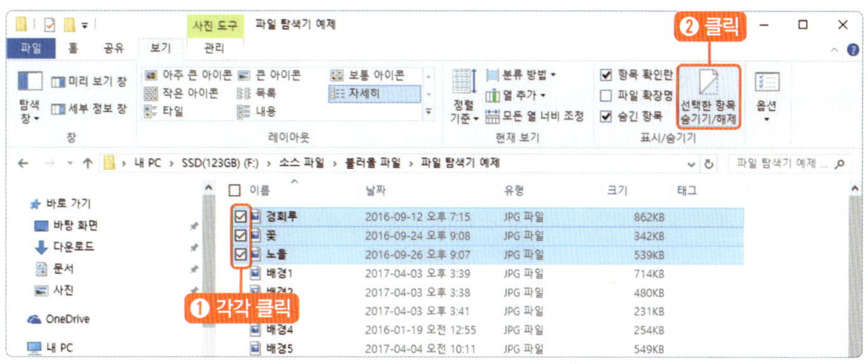

> **Tip** 파일 확장명 표시 및 숨기기
>
> [표시/숨기기] 그룹에서 [파일 확장명]을 선택(☑ 파일 확장명)하면 파일명 끝에 '확장명'이 나타납니다. [파일 확장명]을 다시 클릭하면 '확장명'이 사라집니다.
>
> 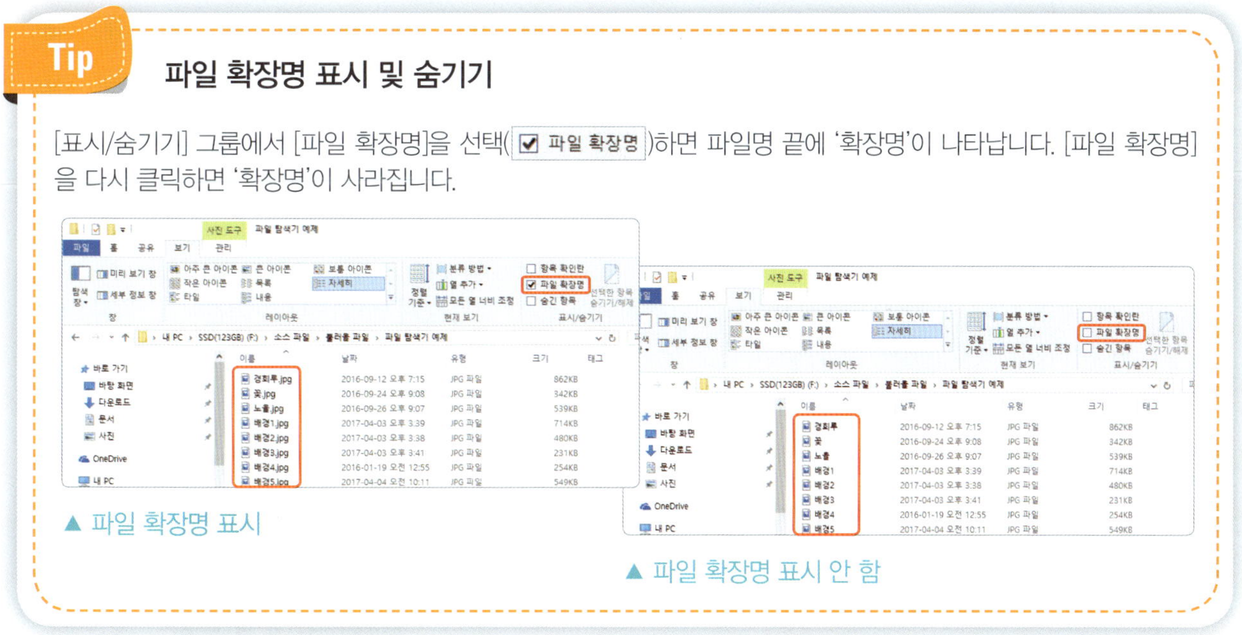
>
> ▲ 파일 확장명 표시　　　　　　▲ 파일 확장명 표시 안 함

3 **파일 또는 폴더를 선택하여 압축(ZIP)해 봅시다.**

❶ [파일 탐색기]의 이동 단추(← → ∨ ↑) 중에서 **뒤로(←) 단추**를 클릭하여 상위 폴더로 이동합니다.

❷ [파일 탐색기 예제] 폴더가 선택된 상태에서 [공유] 탭의 [보내기] 그룹에서 [압축(ZIP)] 명령 단추를 클릭합니다. [파일 탐색기 예제] 폴더가 압축된 파일로 만들어지면 새로운 파일 명을 입력한 후 Enter 키를 누릅니다.

※ 폴더(파일)를 압축하면 용량이 줄어들어 메일 등에서 첨부 파일로 보낼 때 유용합니다.

Tip 이미지 파일 인쇄

[파일 목록 창]에서 인쇄할 파일(문서 또는 이미지 파일)을 선택한 후 [공유] 탭의 [보내기] 그룹에서 [인쇄] 명령 단추를 클릭하면 선택한 파일을 프린터로 인쇄 할 수 있습니다.

혼자서 뚝딱 뚝딱!

 뚝딱 1

압축된 파일(압축파일.zip)을 현재 위치를 기준으로 압축을 풀어봅시다.

📂 불러올 파일 : 없음 💾 완성된 파일 : 없음

① '압축파일'을 선택한 후 [압축 풀기] 탭에서 **[압축 풀기]** 명령 단추를 클릭합니다.

※ [압축파일] 위에서 마우스 오른쪽 버튼을 눌러 [압축 풀기]를 선택해도 됩니다.

② [압축(Zip) 폴더 풀기] 창이 나오면 〈압축 풀기〉를 클릭합니다. 만약 현재 위치가 아닌 다른 위치에 압축을 풀고 싶을 때는 〈찾아보기〉를 클릭하여 경로를 새롭게 지정합니다.

 뚝딱 2

Ctrl 키와 Shift 키를 이용하여 파일들을 선택해 봅시다.

📂 불러올 파일 : 없음 💾 완성된 파일 : 없음

① [파일 탐색기 예제] 폴더에서 Ctrl 키를 누른 채 원하는 파일들을 선택하면 불규칙적으로 여러 개의 파일들을 선택할 수 있습니다.

② 첫 번째 파일을 선택한 후 Shift 키를 누른 채 마지막 파일을 선택하면 연속으로 여러 개의 파일들을 선택할 수 있습니다.

③ Ctrl + A 키를 누르면 모든 파일을 한번에 선택할 수 있습니다.

이름	날짜	유형	크기	태그
경회루	2016-09-12 오후 7:15	JPG 파일	862KB	
꽃	2016-09-24 오후 9:08	JPG 파일		
노을	2016-09-26 오후 9:07	JPG 파일		
배경1	2017-04-03 오후 3:39	JPG 파일		
배경2	2017-04-03 오후 3:38	JPG 파일		
배경3	2017-04-03 오후 3:41	JPG 파일		
배경4	2016-01-19 오전 12:55	JPG 파일		
배경5	2017-04-04 오전 10:12	JPG 파일		
배경6	2015-01-27 오전 8:56	JPG 파일		
배경7	2017-03-07 오후 4:35	JPG 파일		
배경8	2017-02-23 오전 11:45	JPG 파일		
배경9	2017-04-04 오전 9:40	JPG 파일		
배경10	2017-04-04 오후 8:08	JPG 파일		

▲ Ctrl 키를 이용한 파일 선택

이름	날짜	유형	크기	태그
경회루	2016-09-12 오후 7:15	JPG 파일	862KB	
꽃	2016-09-24 오후 9:08	JPG 파일	342KB	
노을	2016-09-26 오후 9:07	JPG 파일	539KB	
배경1	2017-04-03 오후 3:39	JPG 파일	714KB	
배경2	2017-04-03 오후 3:38	JPG 파일	480KB	
배경3	2017-04-03 오후 3:41	JPG 파일	231KB	
배경4	2016-01-19 오전 12:55	JPG 파일	254KB	
배경5	2017-04-04 오전 10:12	JPG 파일	549KB	
배경6	2015-01-27 오전 8:56	JPG 파일	412KB	
배경7	2017-03-07 오후 4:35	JPG 파일	233KB	
배경8	2017-02-23 오전 11:45	JPG 파일	311KB	
배경9	2017-04-04 오전 9:40	JPG 파일	361KB	
배경10	2017-04-04 오후 8:08	JPG 파일	370KB	

▲ Shift 키를 이용한 파일 선택

그림판으로 만화 작가되기

완성 작품 미리보기

📂 불러올 파일 : 없음　💾 완성된 파일 : 만화1 완성

▶ 인터넷 그림을 복사해 봅시다.

▶ 그림판을 실행하여 만화를 붙여넣은 후 수정해 봅시다.

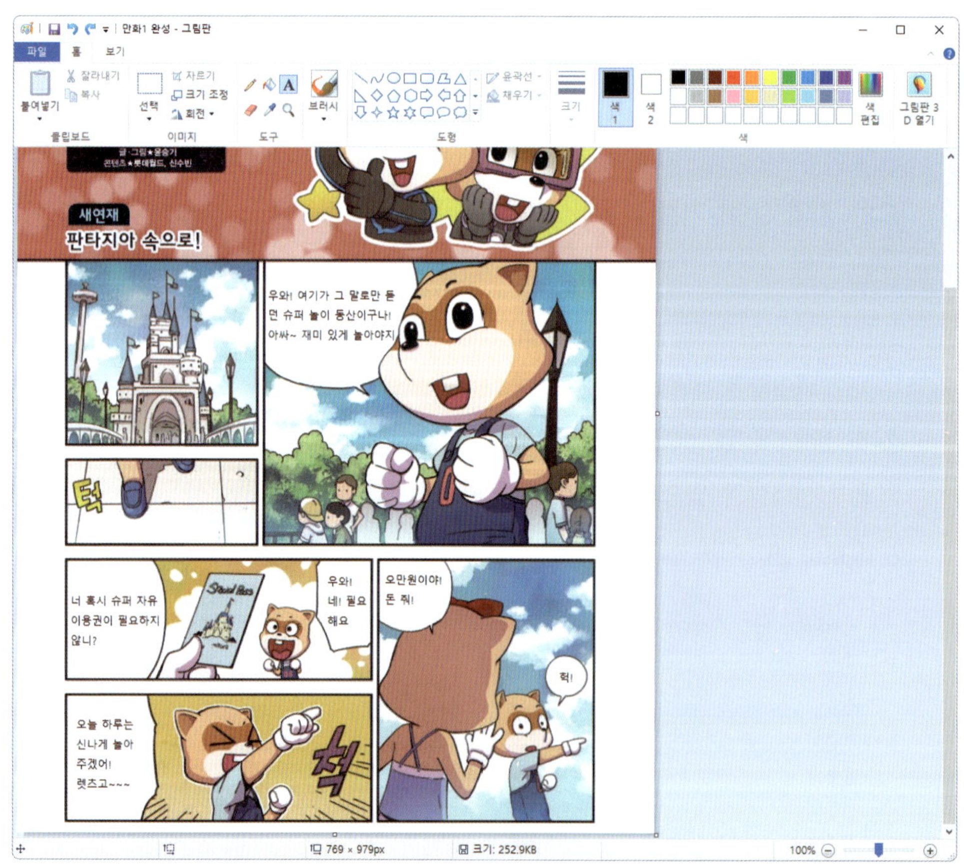

1　인터넷 그림을 복사해 봅시다.

❶ [시작] 메뉴 또는 [작업 표시줄]을 이용하여 [Microsoft Edge]를 실행합니다. '주소 및 검색 입력' 칸 kids.dongascience.com을 입력한 후 **Enter** 키를 누릅니다.
※ 입력이 어려우면 [Microsoft Edge]에서 '어린이과학동아'를 검색하여 해당 홈 페이지에 접속합니다.

❷ 해당 홈 페이지가 열리면 [어린이과학동아]–[연재만화]를 클릭합니다.

❸ 여러 개의 연재 만화가 나오면 **로티, 로리의 VR 판타지아**를 클릭한 후 **제1화 판타지아 속으로**를 선택합니다. 해당 만화가 나오면 첫 번째 만화 페이지에서 마우스 오른쪽 버튼을 눌러 바로 가기 메뉴에서 [**복사**]를 클릭합니다.
※ 연재 만화는 교재와 상관없이 여러분이 원하는 만화를 선택해도 상관없습니다.

❶ [시작] 단추()를 클릭한 후 [Windows 보조프로그램]–[그림판]을 클릭합니다. [그림판] 앱이 실행되면 [홈] 탭의 **[클립보드]** 그룹에서 **붙여넣기**( )를 클릭합니다.

❷ [도구] 그룹에서 **지우개**( )를 클릭한 후 대화가 있는 모든 글자 부분을 지웁니다.

　※ 글자 부분을 잘못 지웠을 경우에는 Ctrl + Z 키를 눌러 되돌립니다.

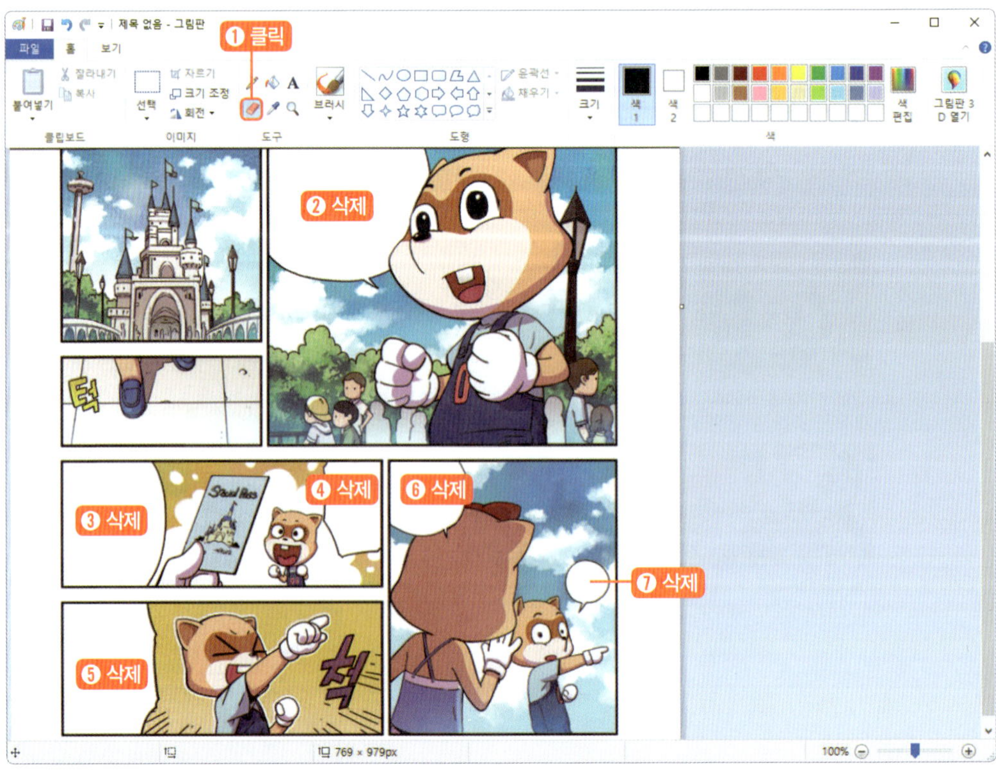

화면 확대 축소

❶ 지우개( )를 이용하여 글자 부분을 삭제하거나 '텍스트(A)'로 글자 내용을 입력할 경우 화면을 확대하면 보다 쉽게 작업을 할 수 있습니다.

❷ [보기] 탭에서 [확대] 도구를 이용하면 이미지를 크게 확대하여 색을 칠할 수 있습니다.

❸ Ctrl 키를 누른 채 마우스 휠을 위/아래로 굴리면 화면을 확대 및 축소 할 수 있습니다.

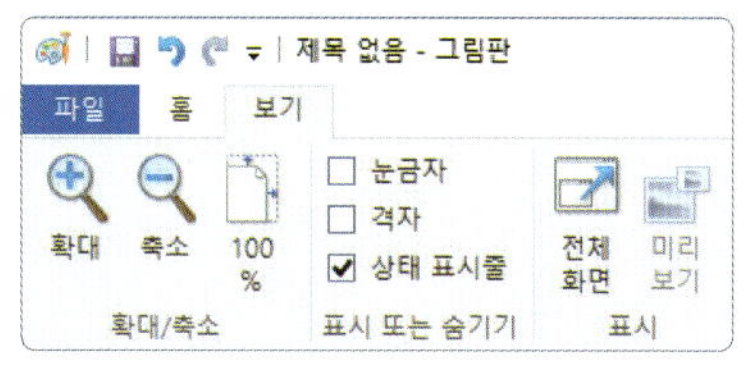

❸ [도구] 그룹에서 **텍스트**(A)를 선택한 후 만화 내용을 입력할 첫 번째 말풍선 부분을 클릭합니다.

❹ [텍스트] 탭의 [글꼴] 그룹에서 **글꼴-맑은 고딕, 글꼴 크기-10**으로 지정한 후 [색] 그룹에서 **검정**을 선택합니다. 이어서, 텍스트 박스의 크기를 말풍선 크기에 맞게 조절합니다.

텍스트 박스의 위치 변경 및 크기 조절

❶ 글자를 입력한 후 마우스 커서를 텍스트 박스 점선 위로 이동시켜 원하는 위치로 끌어다 놓으면 텍스트 박스의 위치를 변경할 수 있습니다.

❷ 8개의 조절점 중에서 크기를 조절 곳에 마우스 커서를 이동시킨 후 드래그하면 텍스트 박스의 크기를 조절할 수 있습니다.

❺ 여러분이 원하는 새로운 대화 내용을 입력한 후 아무 것도 없는 빈 곳을 클릭하여 입력을 종료합니다.

※ 새로운 대화 내용을 입력한 후 텍스트 박스의 '크기와 위치'를 말풍선에 맞춥니다.

❻ 똑같은 방법으로 나머지 말풍선도 새로운 대화 내용을 입력합니다. 모든 대화 내용 입력이 끝나면 [파일]−[다른 이름으로 저장]을 클릭하여 '만화1 완성'으로 저장합니다.

CHAPTER 06

혼자서 뚝딱 뚝딱!

뚝딱 1 '로티, 로리의 VR 판타지아' 만화 중에서 2번째와 3번째 만화 페이지를 복사하여 재미있는 대화 내용으로 만화를 완성시킨 후 저장해 보세요.

불러올 파일 : 없음　**완성된 파일** : 만화2 완성, 만화3 완성

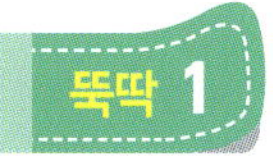

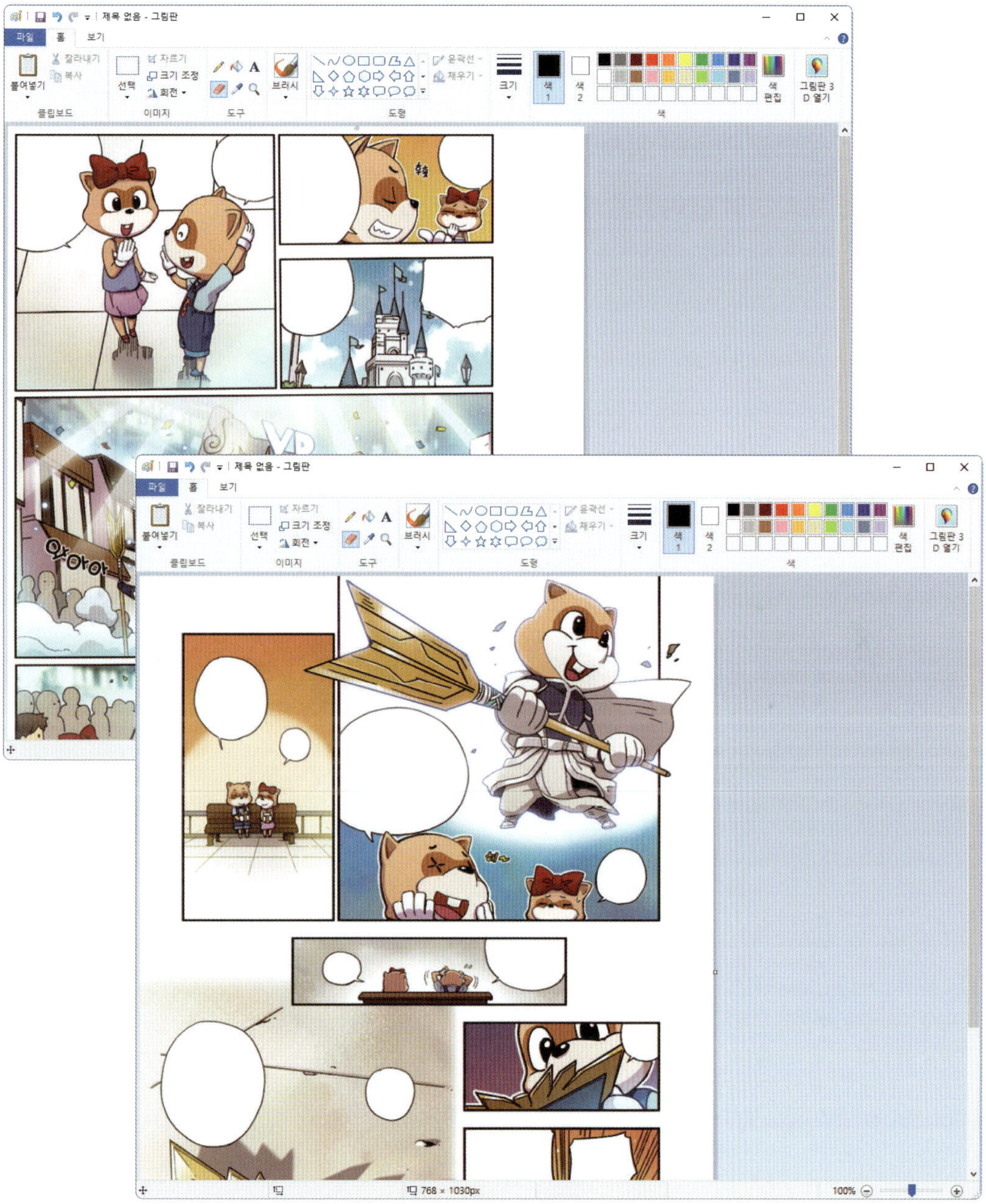

CHAPTER 07

새 폴더를 만들어서 파일들을 복사하기

📁 불러올 파일 : [파일 탐색기 예제] 폴더   📄 완성된 파일 : 없음

▶ 새로운 폴더를 만들어 봅시다.

▶ 파일을 복사하여 붙여넣은 후 바로 가기에 고정시켜 봅시다.

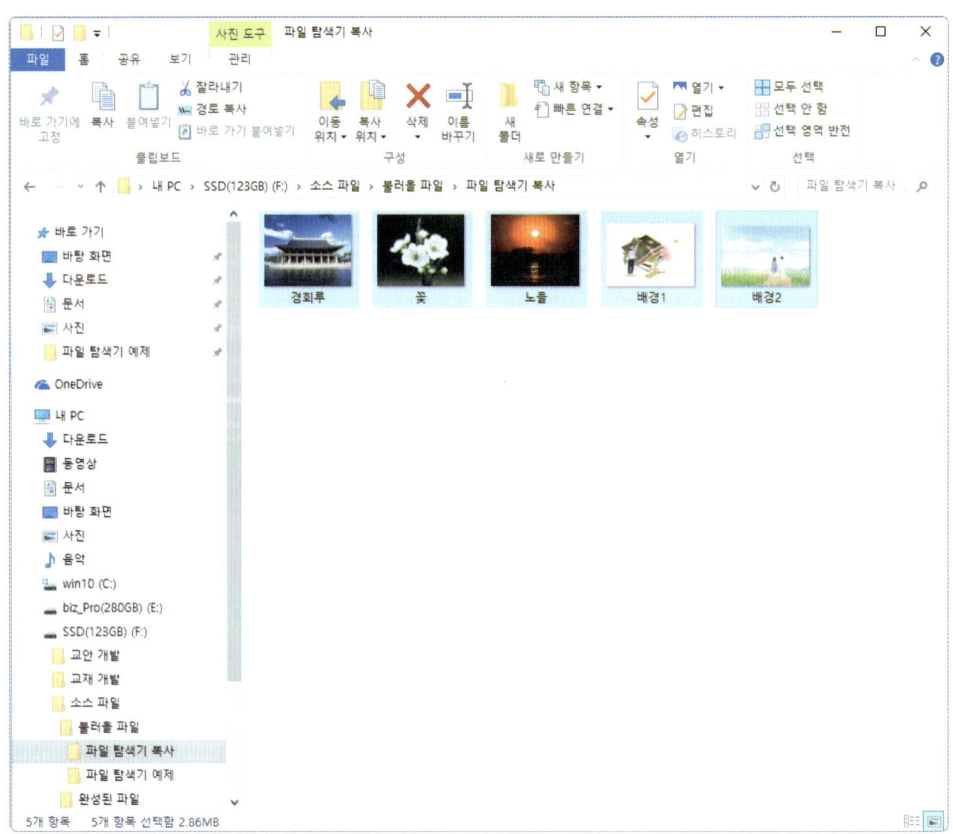

❶ 작업 표시줄에서 [파일 탐색기()]를 클릭합니다. [파일 탐색기]가 실행되면 [소스 파일]−[불러올 파일] 폴더를 열고 [홈] 탭을 클릭합니다.

※ 특정 폴더를 열 때는 해당 폴더를 더블클릭 합니다.

❷ [새로 만들기] 그룹에서 [새 폴더] 명령 단추를 클릭합니다. [새 폴더(새 폴더)]가 만들어 지면 폴더 이름을 '**파일 탐색기 복사**'로 입력한 후 Enter 키를 누릅니다.

※ [파일 탐색기 복사] 폴더를 클릭한 후 F2 키를 누르면 다시 이름을 변경할 수 있습니다.

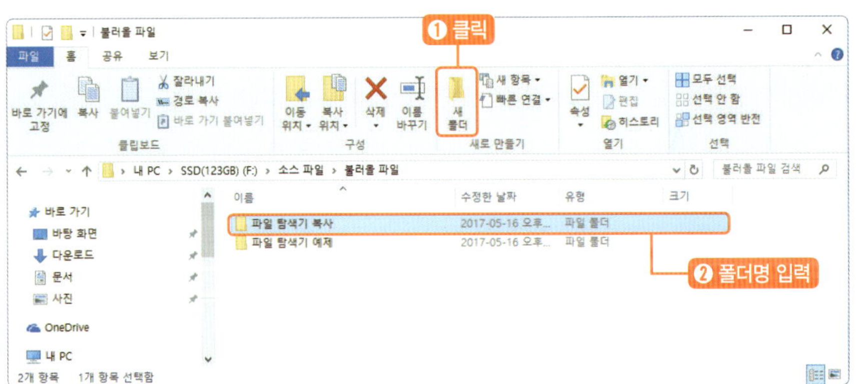

Tip

[새 폴더]를 만드는 방법

❶ **방법 1** : 파일 탐색기 왼쪽 상단의 '빠른 실행 도구 모음'에서 '새 폴더'를 클릭하면 폴더를 만들 수 있습니다.

❷ **방법 2** : [새로 만들기] 그룹에서 [새 항목] 명령 단추를 클릭한 후 [폴더]를 선택하면 폴더를 만들 수 있습니다.

❸ **방법 3** : [탐색 창] 또는 [파일 목록 창]에서 마우스 오른쪽 버튼을 눌러 [새로 만들기]−[폴더]를 클릭하면 폴더를 만들 수 있습니다.

❹ **방법 4** : Ctrl+Shift+N 키를 누르면 폴더를 만들 수 있습니다.

파일을 복사하여 붙여넣은 후 바로 가기에 고정시켜 봅시다.

❶ [파일 탐색기 예제] 폴더를 열어서 레이아웃을 '자세히(▤)'로 설정합니다. 이어서, **Shift** 키를 이용하여 5개의 파일을 선택한 후 **[클립보드]** 그룹에서 **[복사]** 명령 단추를 클릭합니다.

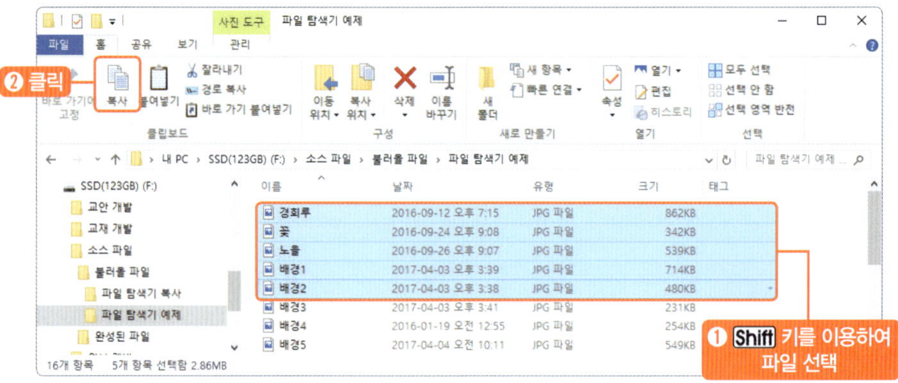

❷ [탐색 창]에서 복사된 파일을 붙여넣을 [파일 탐색기 복사] 폴더를 클릭합니다. 이어서, **[클립보드]** 그룹에서 **[붙여넣기]** 명령 단추를 클릭합니다.

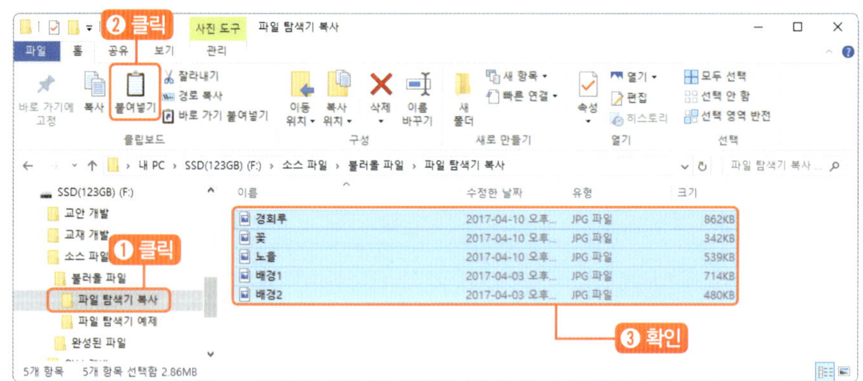

> **Tip**
>
> **주소 표시줄을 이용하여 [파일 탐색기 복사] 폴더로 이동하기**
>
> 주소 표시줄에서 [불러올 파일] 오른쪽에 있는 '▷' 단추를 클릭한 후 [파일 탐색기 복사] 폴더를 선택하면 빠르게 이동할 수 있습니다.
>
> 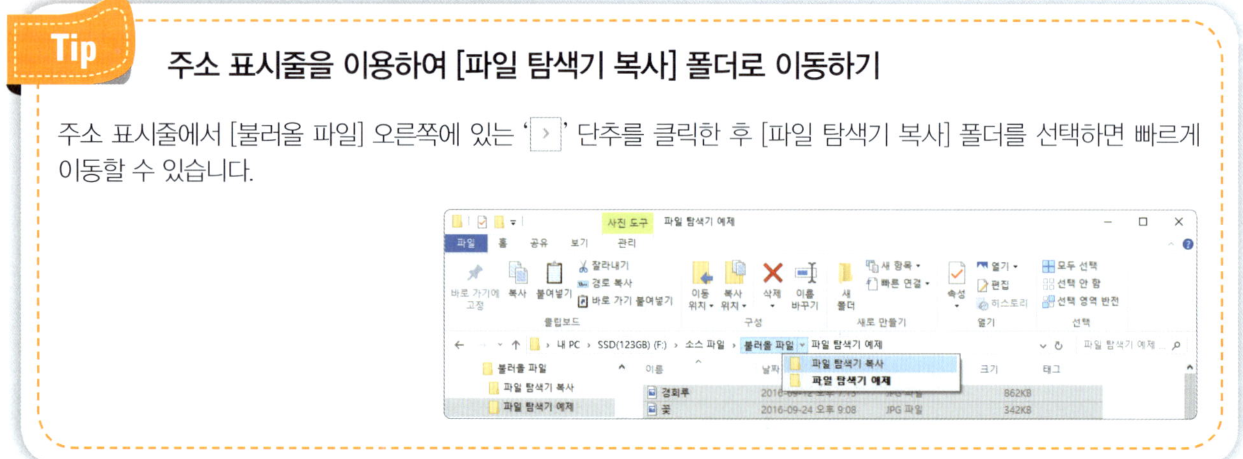

다양한 복사 방법

❶ 방법 1 : 복사할 파일을 선택한 후 Ctrl+C 키를 눌러 복사합니다. 이어서, 붙여넣을 폴더를 선택한 후 Ctrl+V 키를 눌러 붙여넣습니다.

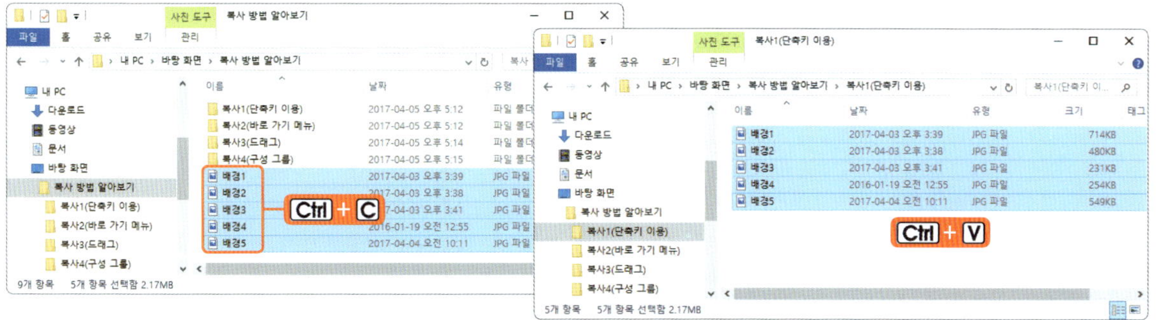

❷ 방법 2 : 복사할 파일을 선택한 후 마우스 오른쪽 버튼을 눌러 [복사]를 클릭합니다. 이어서, 붙여넣을 폴더를 선택한 후 마우스 오른쪽 버튼을 눌러 [붙여넣기]를 클릭합니다.

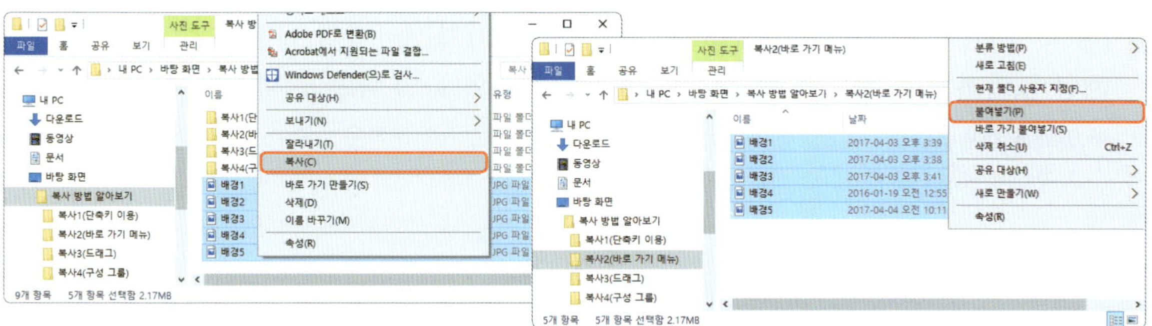

❸ 방법 3 : 복사할 파일을 선택한 후 Ctrl 키를 누른 채 복사할 폴더로 드래그합니다.

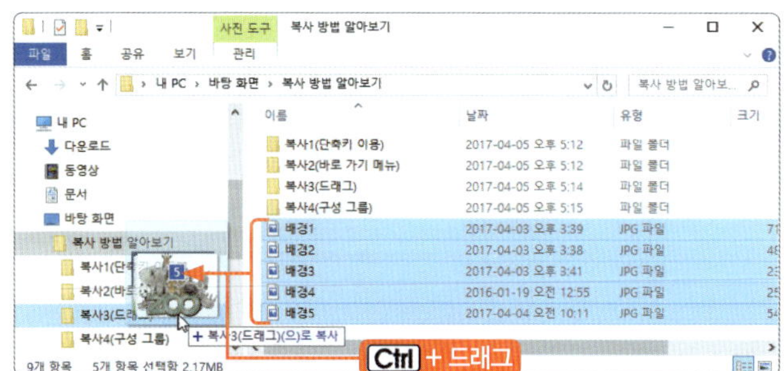

❹ 방법 4 : 복사할 파일을 선택한 후 [홈]–[구성]–[복사위치] 명령 단추를 클릭하여 [위치 선택]을 선택합니다. [항목 복사] 창이 나오면 복사할 폴더를 선택한 후 〈복사〉를 클릭합니다.

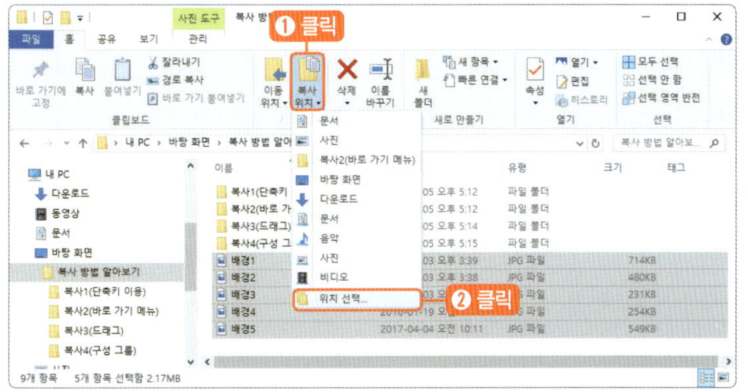

❸ [파일 탐색기 복사] 폴더에 파일들이 복사되면 [탐색 창]에서 [파일 탐색기 예제] 폴더를 클릭합니다. 해당 폴더가 선택되면 **[클립보드]** 그룹에서 **[바로 가기에 고정]** 명령 단추를 클릭합니다.

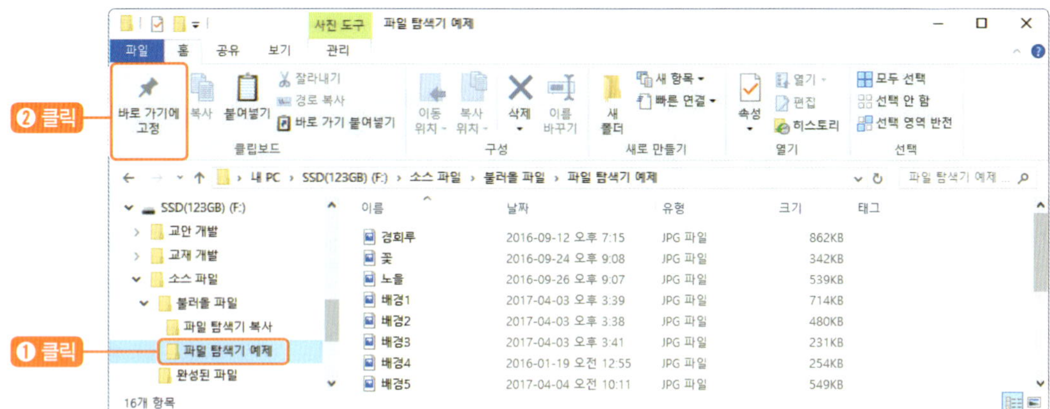

❹ [탐색 창]의 스크롤바를 맨 위로 올리면 [바로 가기]에 [파일 탐색기 예제] 폴더가 추가되어 해당 폴더까지 찾아가지 않고도 빠르게 폴더 안의 파일 내용을 확인할 수 있습니다.

※ 바로 가기에 고정된 [파일 탐색기 예제] 폴더 위에서 마우스 오른쪽 버튼을 눌러 [바로 가기에서 제거]를 클릭하면 '바로 가기 목록'에서 삭제됩니다.

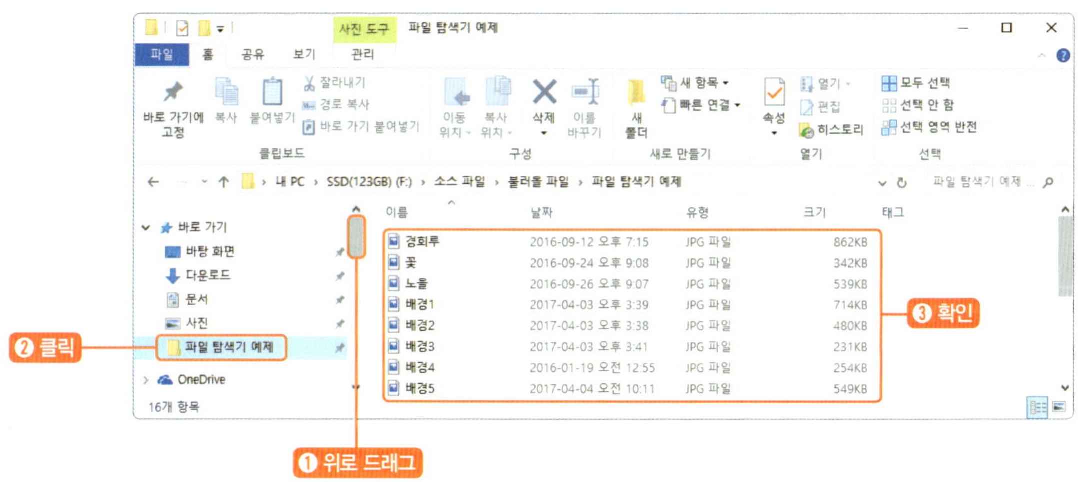

 바탕화면에 [빠른 연결] 폴더를 만든 후 [홈] 탭의 [새로 만들기] 그룹에서 [새 항목] 명령 단추를 이용하여 '텍스트 문서'와 '한글' 파일을 만들어 봅시다.

📂 불러올 파일 : 없음   💾 완성된 파일 : 없음

① 바탕화면에 [빠른 연결] 폴더를 만든 후 해당 폴더를 엽니다.

② [새로 만들기] 그룹에서 [새 항목] 명령 단추를 클릭하여 [텍스트 문서]를 선택합니다.

③ '텍스트 파일'이 만들어지면 파일명을 입력한 후 똑같은 방법으로 '한글 문서 파일'도 만듭니다.

 [빠른 연결] 폴더에서 원하는 파일을 검색하여 찾아봅시다.

📂 불러올 파일 : 없음   💾 완성된 파일 : 없음

① [파일 탐색기] 오른쪽 검색 칸에 '한글(한글 ×)'을 입력한 후 Enter 키를 누릅니다.

② 검색 단어를 '문서'로 변경하여 어떤 파일들이 검색되는지 확인합니다.

01 인간의 뇌에 해당되는 것으로 컴퓨터에서 정보를 기억하고 처리하는데 핵심적인 역할을 하는 장치는 무엇인가요?

① CPU ② VGA ③ RAM ④ HDD

02 컴퓨터 기억장치는 크게 '주기억장치'와 '보조기억장치'로 구분됩니다. 다음 중 보조기억장치에 속하지 않는 것은 무엇인가요?

① 하드디스크 ② 램 ③ USB 메모리 ④ SD 메모리 카드

03 다음 내용 중에서 올바르지 않은 것은 무엇인가요?

① 시스템 소프트웨어는 사용자들이 시스템(컴퓨터)을 효율적이면서도 쉽게 사용할 수 있도록 도와주는 소프트웨어로 'MS 오피스', '우분투' 등이 있다.

② 응용 소프트웨어는 특정 업무의 용도에 맞게 개발된 소프트웨어로 '포토샵' 등이 있다.

③ 프리웨어는 소프트웨어 저작권에 상관없이 누구나 사용할 수 있는 프로그램이다.

④ 셰어웨어는 프로그램을 일정 기간(15일 정도) 동안만 사용할 수 있는 프로그램이다.

04 하나의 정보가 저장된 개체로 '문서, 사진, 동영상, 음악' 등과 같이 다양한 형태를 가지고 있는 것을 무엇이라 하나요?

① 폴더 ② 프로그램 ③ 파일 ④ 운영체제

05 다음 중 [보기] 탭의 [레이아웃] 그룹에 속하지 않는 것은 무엇인가요?

① 자세히 ② 목록 ③ 정렬 ④ 아주 큰 아이콘

06 다음 중 인터넷 윤리로 올바른 것은 무엇인가요?

① 다른 사람의 홈페이지에 있는 이미지를 무조건 가져다 사용해도 된다.

② 친구에게 바이러스가 포함된 파일을 메일로 보낸다.

③ 게시판에 다른 사람을 욕하거나 비난하는 글을 올리지 않는다.

④ 다른 사람과 채팅을 할 때 본인의 개인정보를 알려준다.

07 오른쪽 이미지처럼 파일들을 선택하기 위해서는 키보드의 어떤 키를 누른 상태에서 선택해야 하는지 적으세요?

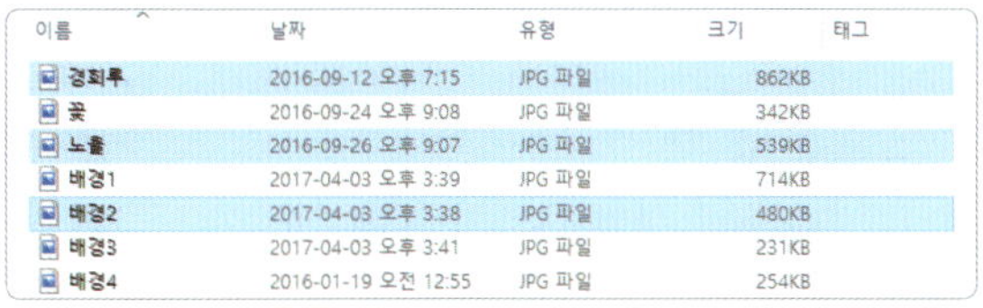

08 다음 중 파일 이름 뒤에 '.jpg'가 표시되게 하려면 어떤 도구를 선택해야 하나요?

09 다음 중 파일을 복사하는 방법으로 올바르지 않은 것은 무엇인가요?

① 복사할 파일을 선택한 후 Ctrl + C 키를 눌러 복사한다.
② 복사할 파일을 선택한 후 마우스 오른쪽 버튼을 눌러 [복사]를 클릭한다.
③ 복사할 파일을 선택한 후 Ctrl 키를 누른 채 복사할 폴더로 드래그한다.
④ 복사할 파일을 선택한 후 리본 메뉴에서 [잘라내기] 도구를 클릭한다.

10 어린이과학동아 홈페이지에서 '연재만화'를 복사하여 새로운 내용을 입력해 보세요.

▶ 어린이과학동아 주소 : kids.dongascience.com
▶ [어린이과학동아]–[연재만화]에서 '아이팝콘'을 클릭한 후 '제2화'를 선택
▶ 두 번째 만화 페이지를 복사하여 [그림판] 앱에 붙여넣음
▶ 지우개 도구로 모든 대화 내용을 삭제한 후 텍스트 도구로 새로운 대화 내용을 입력

CHAPTER 09

나만의 아이콘 만들기

완성 작품 미리보기

📁 불러올 파일 : 아이콘 만들기　📄 완성된 파일 : 보노보노 완성

▶ 아이콘 만들기 앱을 설치한 후 실행해 봅시다.

▶ 보노보노 아이콘을 만들어 봅시다.

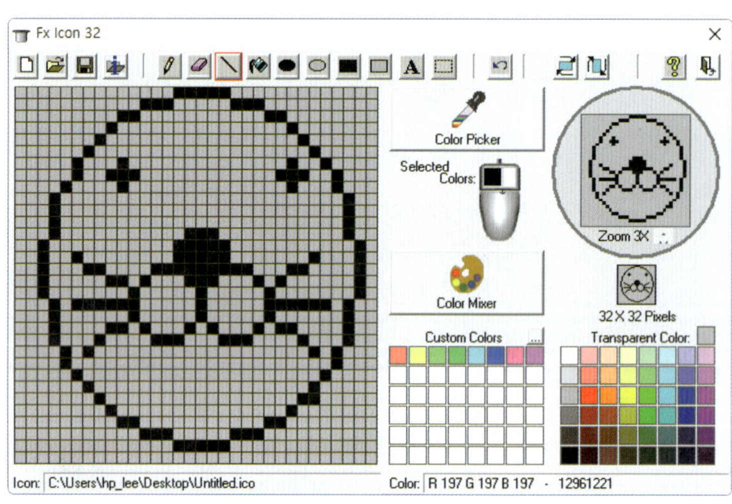

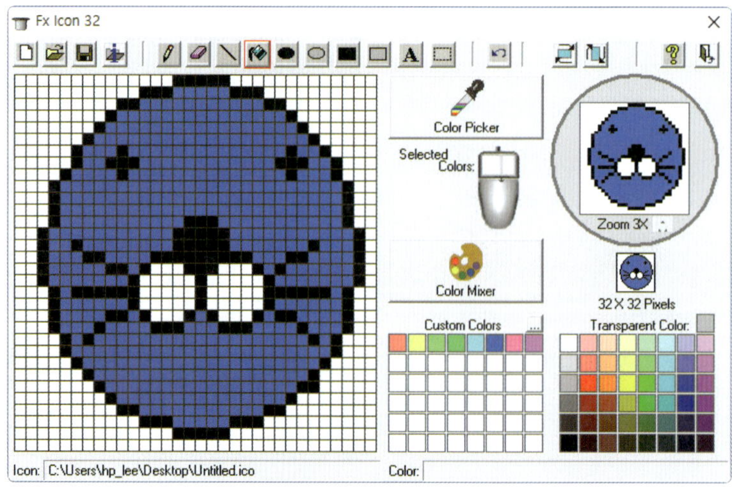

아이콘 만들기 앱을 설치한 후 실행해 봅시다.

❶ 작업 표시줄에서 [파일 탐색기()]를 클릭합니다. [파일 탐색기]가 실행되면 [소스 파일]–[불러올 파일]–[아이콘 만들기] 폴더에서 **아이콘 만들기**를 더블클릭합니다.

❷ [End User License Agreement] 창이 나오면 〈I have read and agree….〉→〈Next〉 →〈Next〉→〈Next〉→〈Next〉→〈Next〉→〈Finish〉 단추를 클릭하여 아이콘 만들기 [FX Icon 32] 프로그램을 설치한 후 모든 창을 닫습니다.

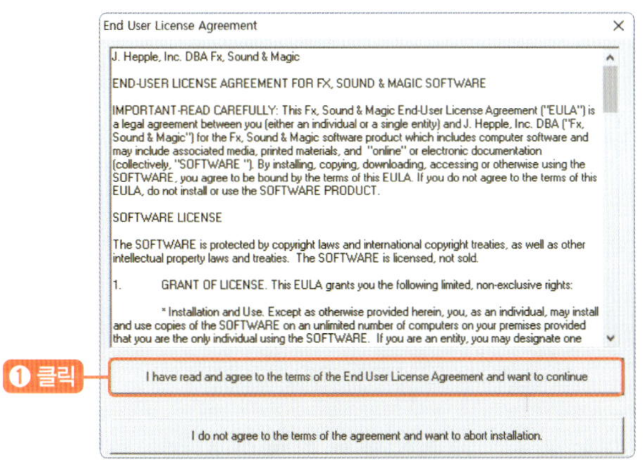
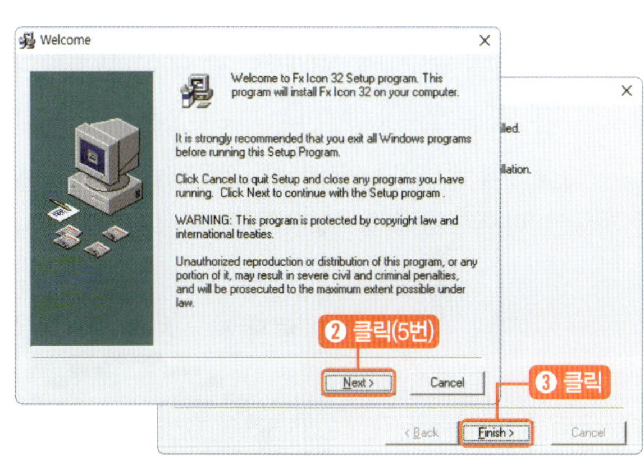

❸ [시작] 단추()를 클릭하여 맨 위쪽에 있는 [**최근에 추가한 앱**]에서 [FX Icon 32] 앱을 클릭하여 실행합니다.

※ 최근에 추가한 앱 목록에 [FX Icon 32] 앱이 없을 경우 시작 메뉴에서 [FX Icon 32]–[FX Icon 32]를 클릭하여 앱을 실행 합니다.

❶ 앱이 실행되면 도구 상자에서 **타원 아이콘(◯)**을 선택한 후 가운데 부분을 기준으로 드래그하여 원을 그립니다. 이어서, 얼굴 왼쪽 아래쪽에 작은 원을 그립니다.

※ 위에서 16번째 칸, 왼쪽에서 16번째 칸이 가운데 지점입니다. 특정 모양을 그리다가 틀렸을 경우에는 Ctrl + Z 키를 눌러 작업을 취소한 후 다시 그립니다.

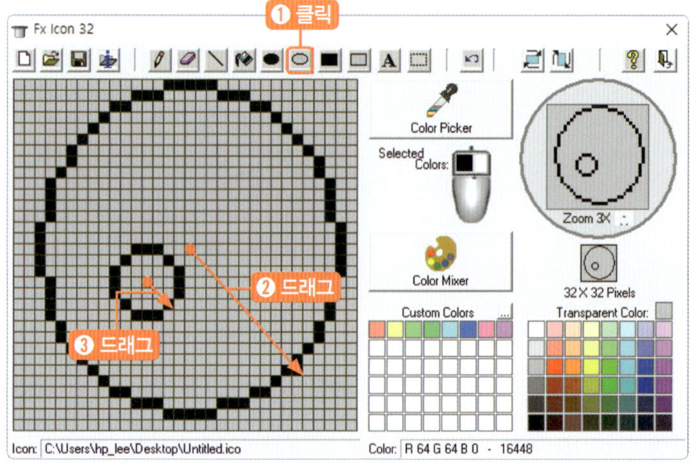

❷ 도구 상자에서 **선택 아이콘(▭)**을 클릭한 후 왼쪽 작은 원이 정확하게 선택될 수 있도록 픽셀의 위치에 맞추어 대각선 방향으로 드래그하여 선택합니다. 이어서, 선택 영역(작은 원)을 오른쪽 방향으로 드래그하여 가운데 부분이 겹치도록 **작은 원을 복사**합니다.

※ 만약 복사 위치가 이상할 경우에는 2개의 원 부분을 대각선 방향으로 드래그하여 선택한 후 Delete 키를 눌러 삭제하고 다시 원을 그려서 복사합니다.

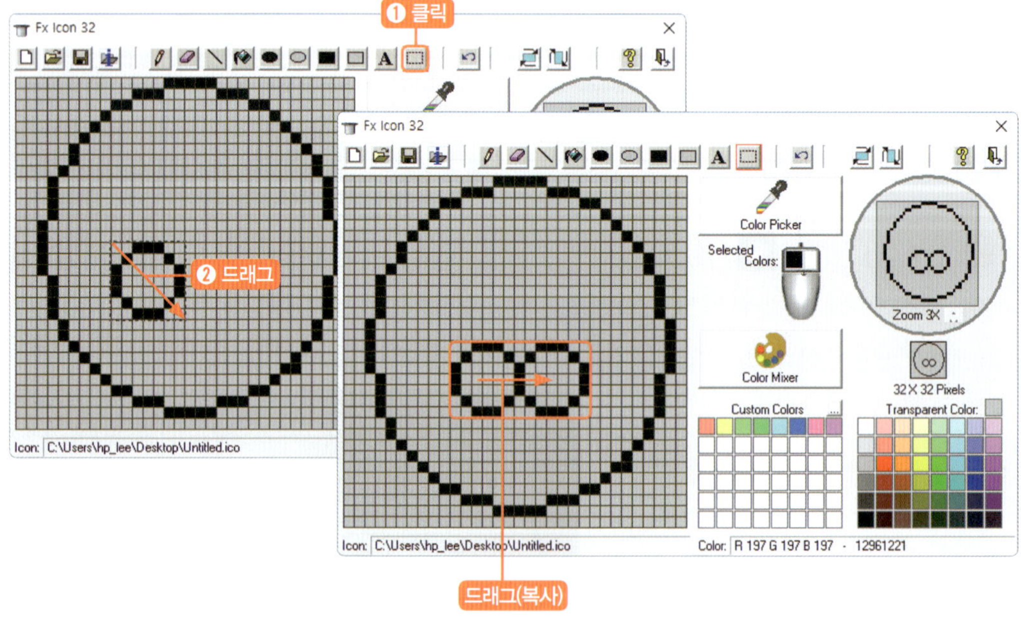

❸ 도구 상자에서 **채워진 타원 아이콘**(●)을 선택한 후 2개의 작은 원 위쪽 부분을 드래그하여 채워진 원을 그립니다.

❹ 도구 상자에서 **선 아이콘**(＼)을 선택한 후 눈 위치의 픽셀을 클릭하여 '+' 모양을 만듭니다.
※ 마우스로 드래그하여 선을 그릴 수도 있으며, 픽셀을 클릭하여 선을 그릴 수도 있습니다.

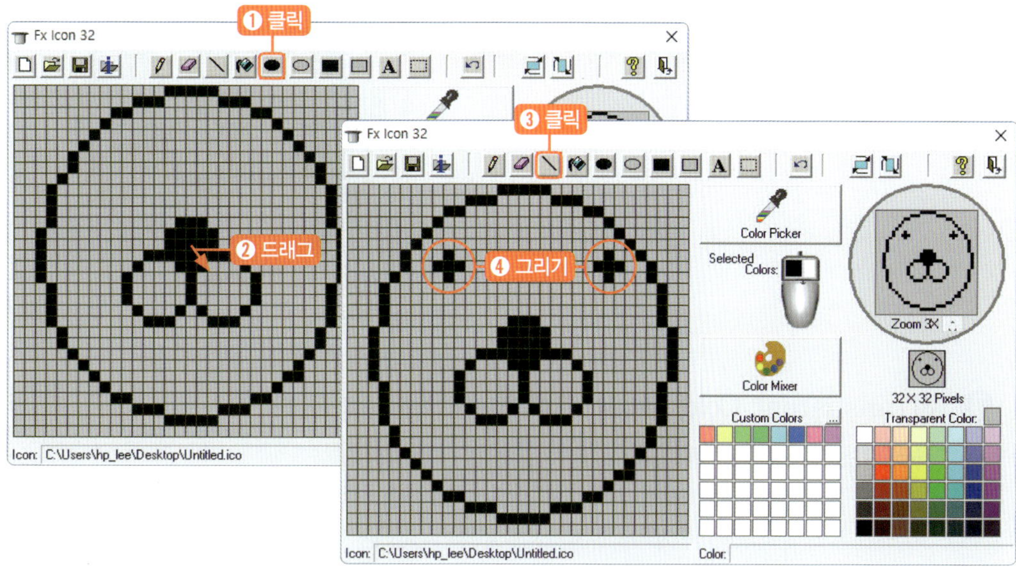

❺ 왼쪽 작은 원 부분에 **수염 3개**를 그립니다. 똑같은 방법으로 오른쪽 작은 원에도 수염 3개를 그립니다.
※ 전체가 아닌 부분적인 픽셀 단위로 삭제를 할 경우에는 '지우개(⌫)' 도구를 선택한 후 삭제할 픽셀을 클릭합니다.

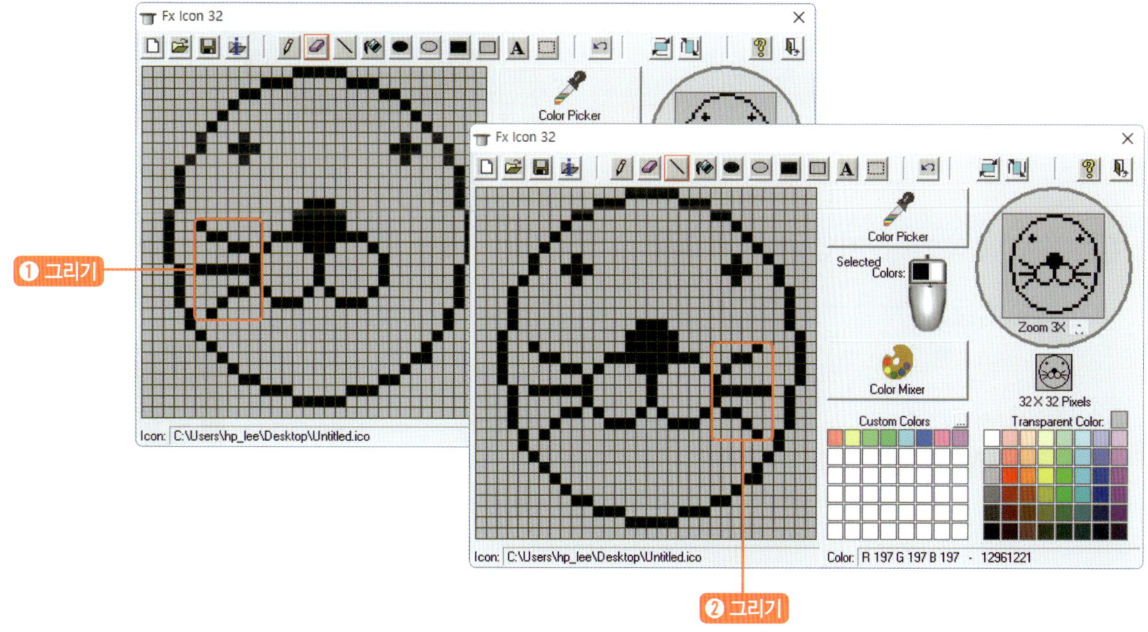

❻ 도구 상자에서 **채우기 아이콘(🪣)**을 클릭합니다. 〈Custom Colors〉에서 **파란색**을 선택한 후 얼굴 부분을 클릭합니다.

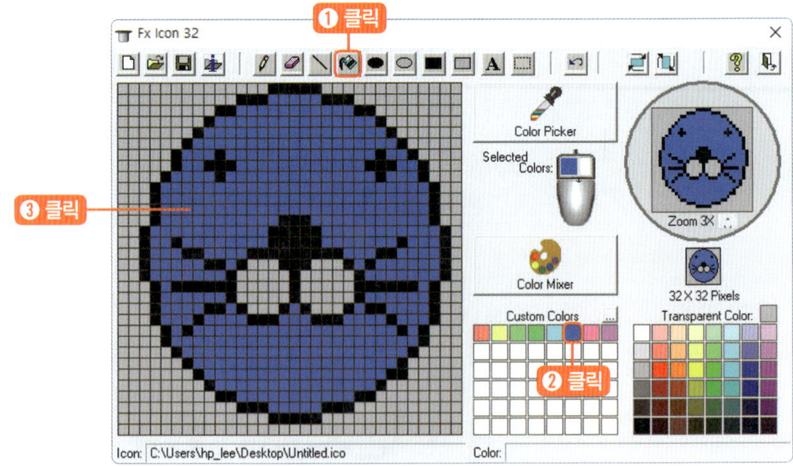

❼ 〈Transparent Color〉에서 **흰색**을 선택한 후 '왼쪽 작은 원, 오른쪽 작은 원, 바깥 배경'을 차례대로 클릭합니다.

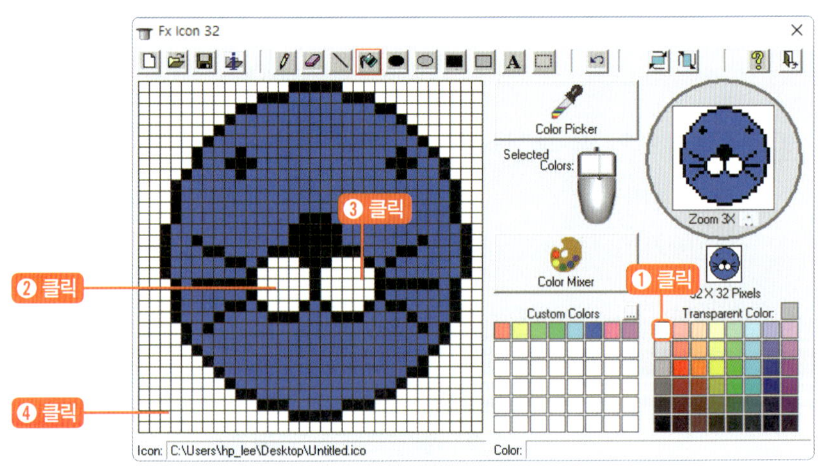

❽ 도구 모음에서 '저장 아이콘(💾)'을 클릭하여 바탕 화면에 '보노보노'로 저장합니다.

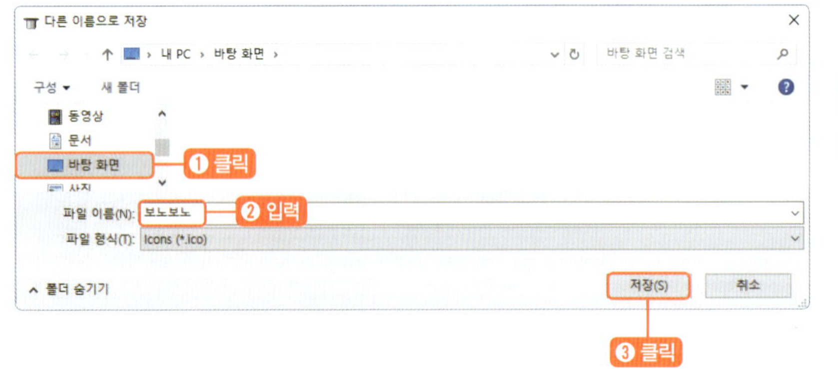

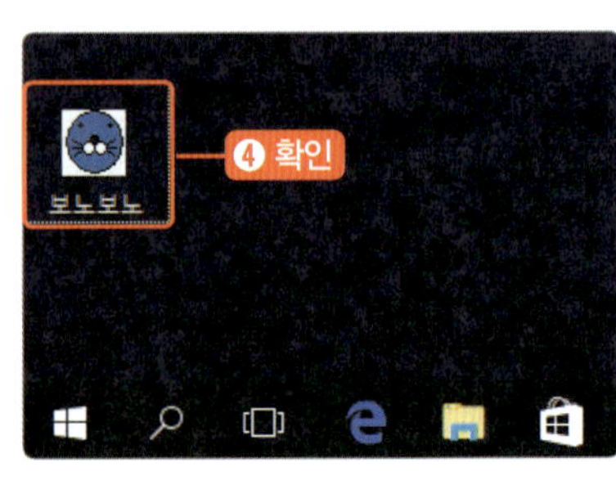

 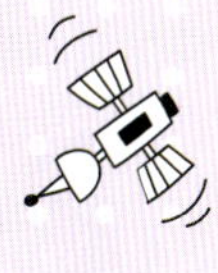

 **새 폴더를 만들어서 아이콘 모양을 '보노보노'로 변경해 봅시다.**

📂 불러올 파일 : 없음　📄 완성된 파일 : 없음

① 바탕 화면 위에서 마우스 오른쪽 버튼을 눌러 바로 가기 메뉴가 나오면 [새로 만들기]-[폴더]를 클릭하여 [학교과제] 폴더를 만듭니다.

② [학교과제] 폴더 위에서 마우스 오른쪽 버튼을 눌러 바로 가기 메뉴가 나오면 [속성]을 클릭합니다.

③ [학교과제 속성] 창이 나오면 [사용자 지정] 탭에서 〈아이콘 변경〉 단추를 클릭합니다.

④ [학교과제 폴더의 아이콘 바꾸기] 창이 나오면 〈찾아보기〉 단추를 클릭합니다.

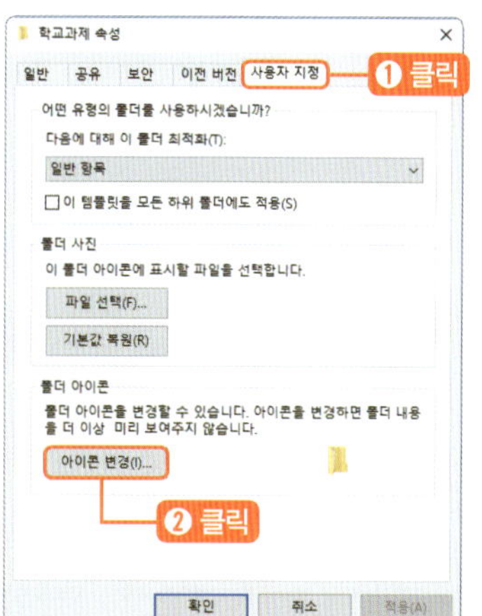
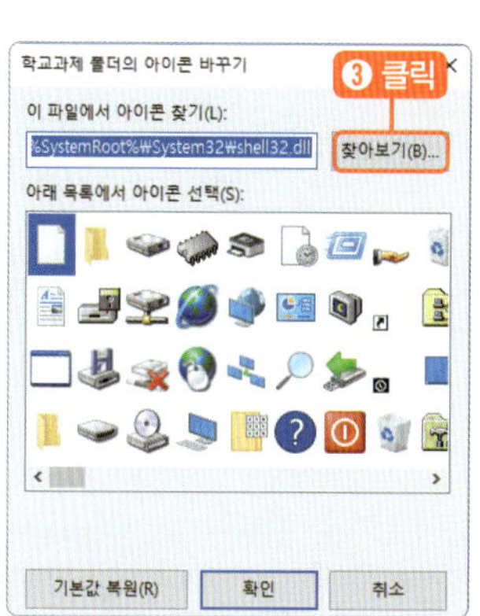

⑤ [학교과제 폴더의 아이콘 바꾸기] 창이 나오면 왼쪽 폴더 창에 '바탕화면'을 클릭합니다. 이어서, 앞에서 만든 '보노보노' 아이콘을 선택한 후 〈열기〉 단추를 클릭합니다.

⑥ '보노보노'로 아이콘이 선택되면 〈확인〉-〈확인〉 단추를 눌러 적용시킨 후 [학교과제] 폴더의 아이콘 모양이 '보노보노'로 바뀐 것을 확인 합니다.

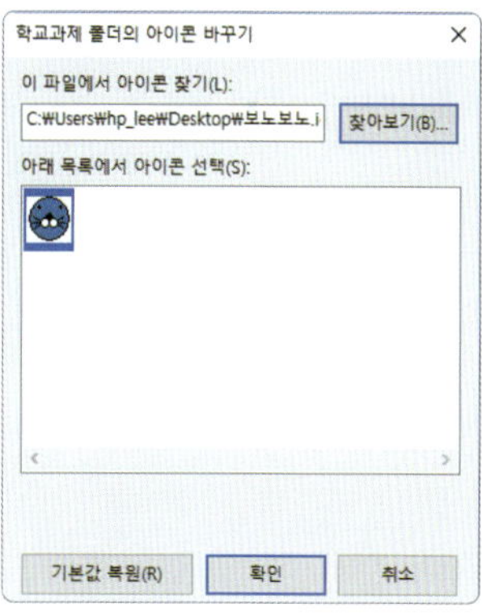
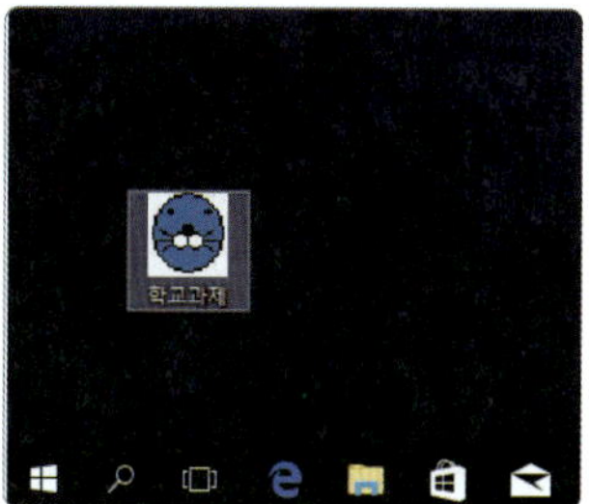

10 파일 이동 및 폴더 삭제

완성 작품 미리보기

📂 불러올 파일 : [파일 탐색기 예제] 폴더   📄 완성된 파일 : 없음

▶ 새로운 폴더를 만들어서 파일을 이동해 봅시다.

▶ 폴더의 이름을 변경한 후 해당 폴더를 삭제해 봅시다.

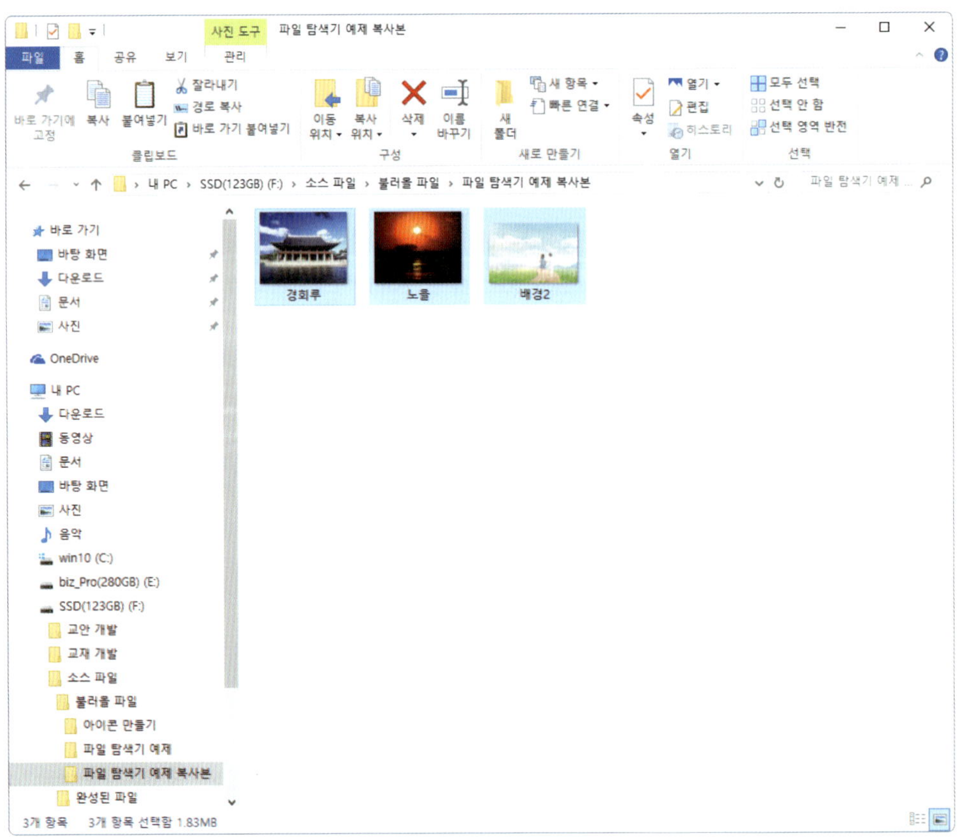

1   새로운 폴더를 만들어서 파일을 이동해 봅시다.

❶ 작업 표시줄에서 [파일 탐색기(▣)]를 클릭합니다. [파일 탐색기]가 실행되면 [소스 파일]–[불러올 파일] 폴더를 열어서 **[파일 탐색기 이동]** 폴더를 새롭게 만듭니다.

※ 특정 폴더를 열 때는 해당 폴더를 더블클릭 합니다.

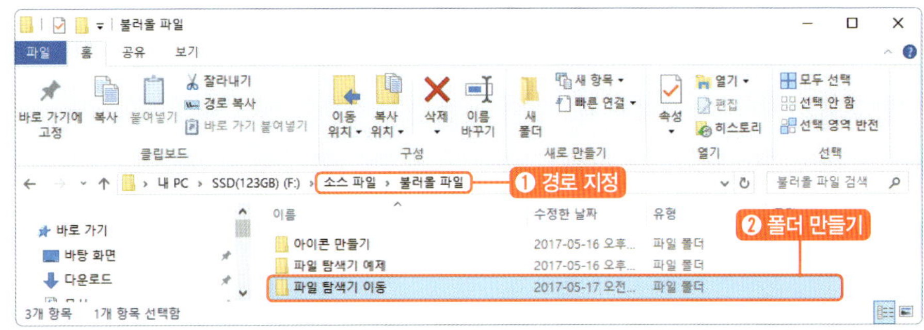

❷ [파일 탐색기 예제] 폴더를 열어서 레이아웃을 '자세히(▥)'로 설정합니다. 이어서, **Ctrl** 키를 이용하여 3개의 파일을 선택한 후 **[클립보드]** 그룹에서 **[잘라내기]** 명령 단추를 클릭합니다.

※ 잘라내기를 실행하면 선택된 파일들이 흐리게 표시됩니다.

❸ [탐색 창]에서 잘라낸 파일을 붙여넣을 [파일 탐색기 이동] 폴더를 클릭합니다. 이어서, [클립보드] 그룹에서 **[붙여넣기]** 명령 단추를 클릭합니다.

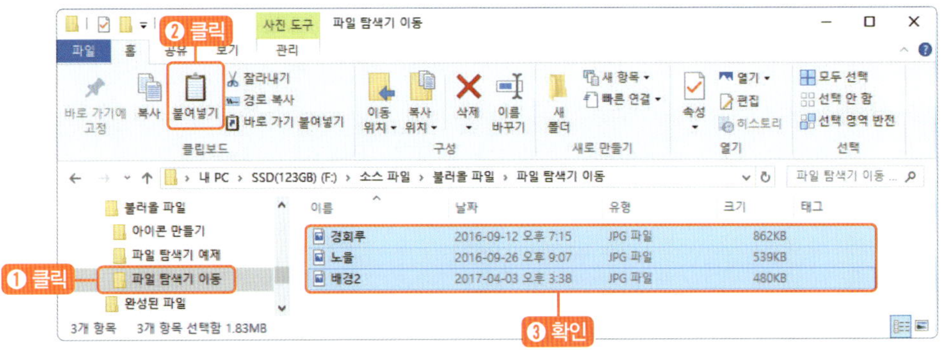

다양한 이동 방법

❶ 방법 1 : 이동할 파일을 선택한 후 `Ctrl`+`X` 키를 눌러 잘라냅니다. 이어서, 붙여넣을 폴더를 선택한 후 `Ctrl`+`V` 키를 눌러 붙여넣습니다.

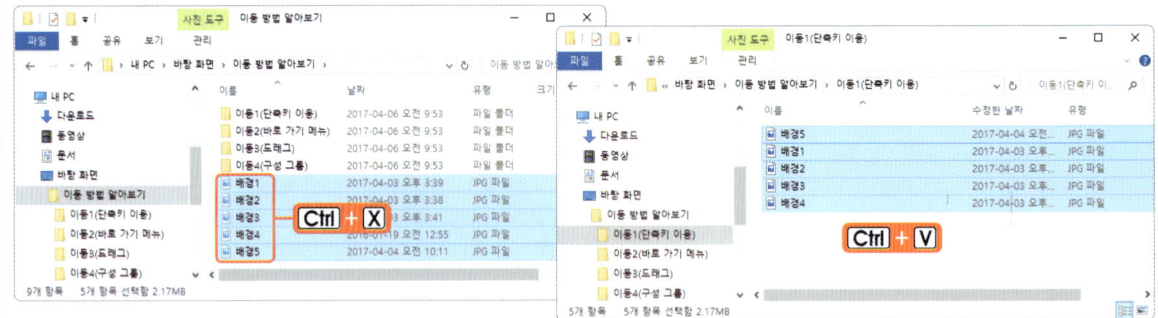

❷ 방법 2 : 이동할 파일을 선택한 후 마우스 오른쪽 버튼을 눌러 [잘라내기]를 클릭합니다. 이어서, 붙여넣을 폴더를 선택한 후 마우스 오른쪽 버튼을 눌러 [붙여넣기]를 클릭합니다.

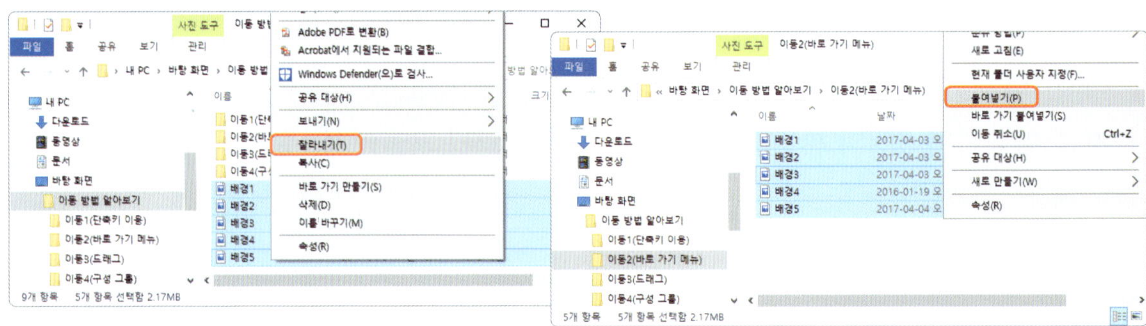

❸ 방법 3 : 이동할 파일을 선택한 후 이동할 폴더로 드래그합니다.

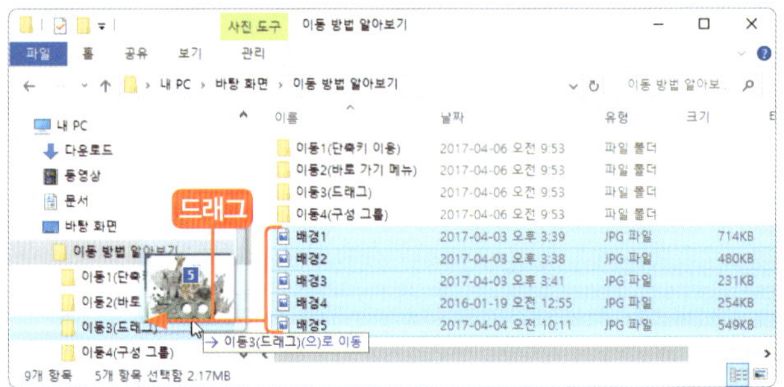

❹ 방법 4 : 이동할 파일을 선택한 후 [홈]-[구성]-[이동위치] 명령 단추를 클릭하여 [위치 선택]을 선택합니다. [항목 이동] 창이 나오면 이동할 폴더를 선택한 후 〈이동〉을 클릭합니다.

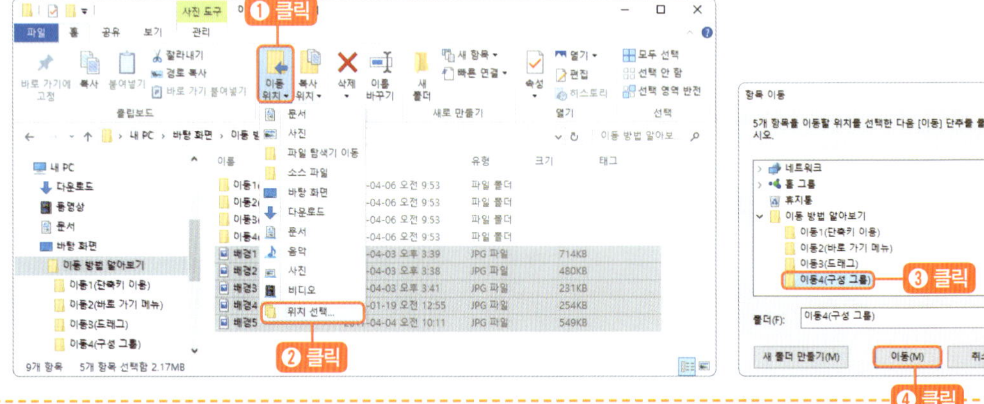

❶ [파일 탐색기 이동] 폴더에 파일들이 이동되면 [탐색 창]에서 [불러올 파일] 폴더를 클릭합니다.

❷ [파일 탐색기 이동] 폴더를 선택한 후 [**구성**] 그룹에서 [**이름 바꾸기**] 명령 단추를 클릭하여
새로운 이름을 입력합니다.

※ [파일 탐색기 이동] 폴더를 마우스로 클릭한 후 F2 키를 눌러도 폴더 이름을 변경할 수 있습니다.

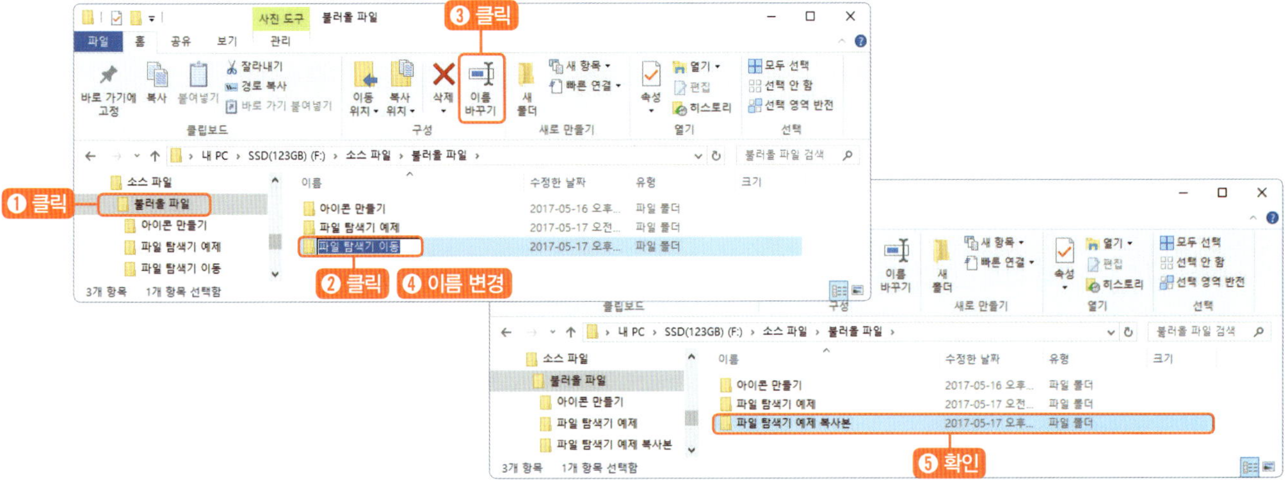

❸ [파일 목록 창]에서 [파일 탐색기 예제 복사본] 폴더를 선택한 후 [구성] 그룹에서 '✕'를
클릭합니다. [폴더 삭제] 창이 나오면 〈예〉를 클릭하여 폴더를 삭제합니다.

※ 폴더(파일)을 선택한 후 Delete 키를 누르면 빠르게 삭제할 수 있습니다.

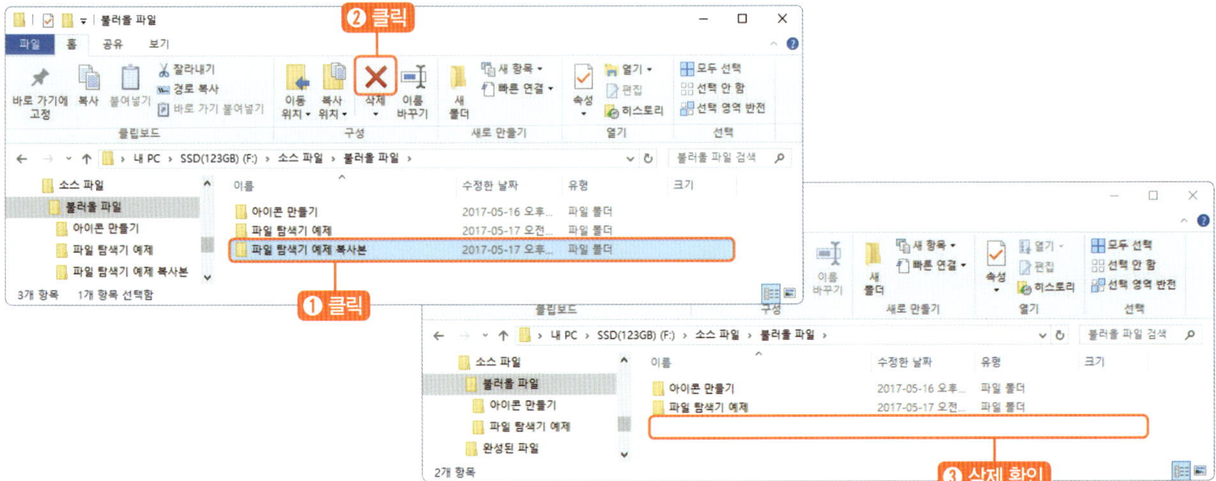

파일 삭제

❶ [구성] 그룹에서 'X' 아래쪽의 '삭제'을 클릭합니다.

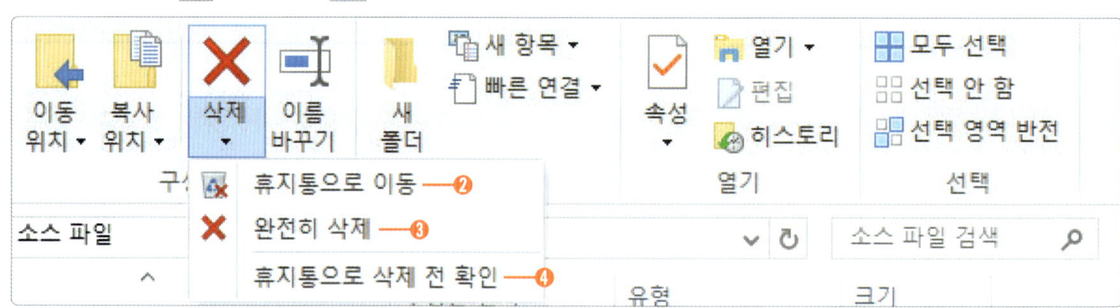

❷ [휴지통으로 이동]은 'X'와 동일한 기능으로 선택한 파일을 휴지통을 보냅니다. 휴지통으로 이동(삭제)된 파일은 필요시 다시 복원할 수 있습니다.

❸ [완전히 삭제]는 선택한 파일을 휴지통으로 보내지 않고 완전히 삭제하는 기능으로 'Shift + Delete' 키를 누르거나, [휴지통 비우기]를 실행해도 결과는 동일합니다. 완전히 삭제된 파일은 휴지통에서 복원할 수 없습니다.

❹ [휴지통으로 삭제 전 확인]을 선택(∨)하면 파일을 휴지통으로 삭제할 때 삭제 확인 메시지 창이 나옵니다.

❺ 휴지통으로 파일이 삭제되면 휴지통 아이콘 모양이 채워진 모양으로 변경됩니다.

CHAPTER 10

혼자서 **뚝딱 뚝딱!**

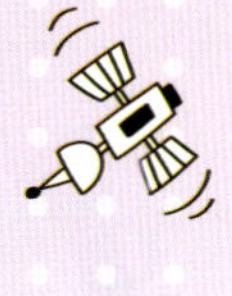

뚝딱 1

휴지통으로 삭제된 [파일 탐색기 예제 복사본] 폴더를 복원시켜 봅시다.

📂 불러올 파일 : 없음   💾 완성된 파일 : 없음

① 바탕 화면의 [휴지통] 아이콘( )을 더블클릭합니다.

② '휴지통'으로 [파일 탐색기]가 열리면 복원할 폴더를 선택한 후 [복원] 그룹에서 [선택한 항목 복원] 명령 단추를 클릭합니다.

※ 휴지통에 많은 파일이 있다면 [삭제된 날짜]로 정렬하여 빠르게 찾을 수 있습니다.

③ [소스 파일]-[불러올 파일] 폴더에 [파일 탐색기 예제 복사본] 폴더가 복원되었는지 확인합니다.

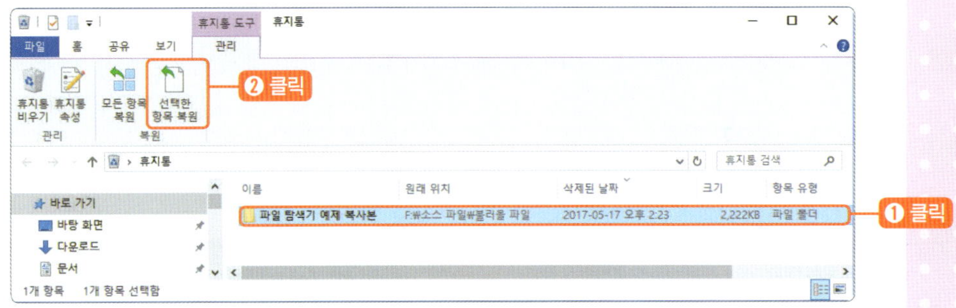

뚝딱 2

리본 메뉴를 이용하여 파일들을 선택한 후 속성을 확인해 봅시다.

📂 불러올 파일 : 없음   💾 완성된 파일 : 없음

① [파일 탐색기 예제] 폴더를 열은 후 [홈] 탭의 [선택] 그룹에서 [모두 선택]과 [선택 안 함] 명령 단추를 차례대로 클릭합니다.

② **Ctrl** 키를 이용하여 3개의 파일만 선택한 후 [선택] 그룹에서 [선택 영역 반전] 명령 단추를 클릭합니다.

③ 한 개의 파일을 선택한 후 [열기] 그룹에서 ' '을 클릭하여 파일의 '속성'을 확인합니다.

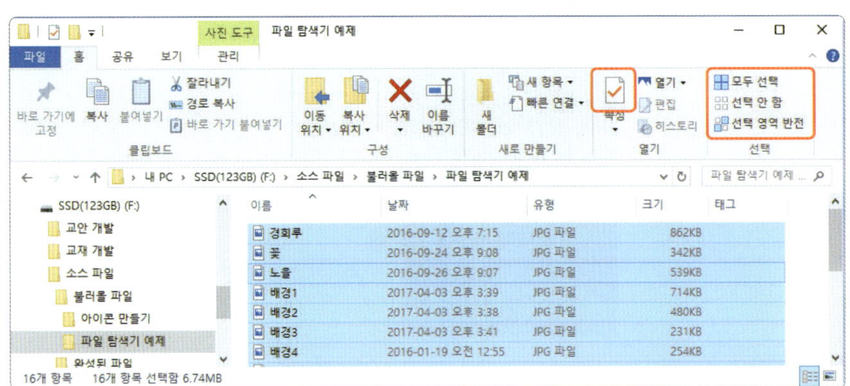

[날씨] 앱으로 날씨정보 확인하기

완성 작품 미리보기

📁 불러올 파일 : 없음   📗 완성된 파일 : 없음

▶ [날씨] 앱을 이용하여 우리 동네 날씨 정보를 확인해 봅시다.

▶ [날씨] 앱을 이용하여 우리 동네 1년 전 '기온, 강수량, 눈 온 날'을 확인해 봅시다.

▶ 계정(MS 계정, 구글 계정 등)이 있어야만 실행이 가능한 앱들을 확인해 봅시다.

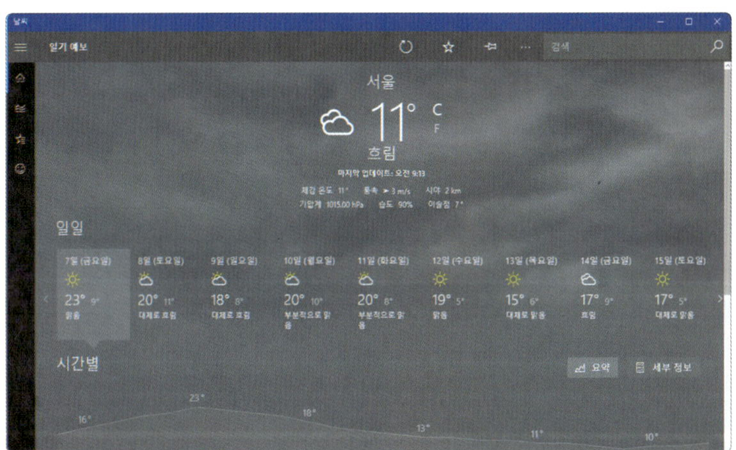

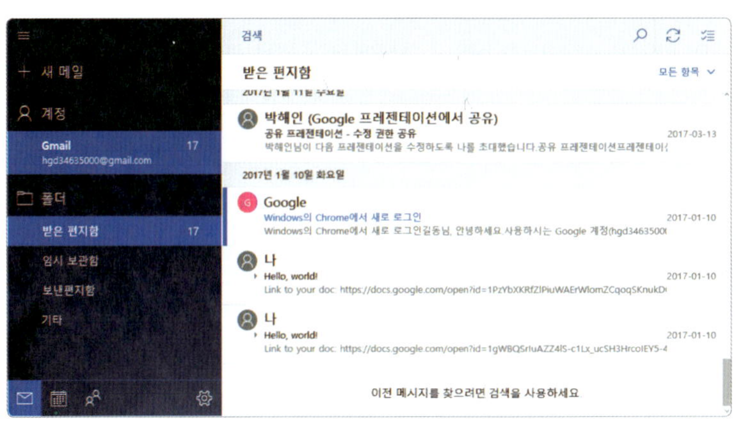

[날씨] 앱을 이용하여 우리 동네 날씨 정보를 확인해 봅시다.

❶ [시작] 단추()를 클릭한 후 타일 앱에서 **[날씨]** 앱을 클릭합니다.

※ 타일 앱에 없을 경우 [시작] 메뉴에서 [날씨] 앱을 찾아서 클릭합니다.

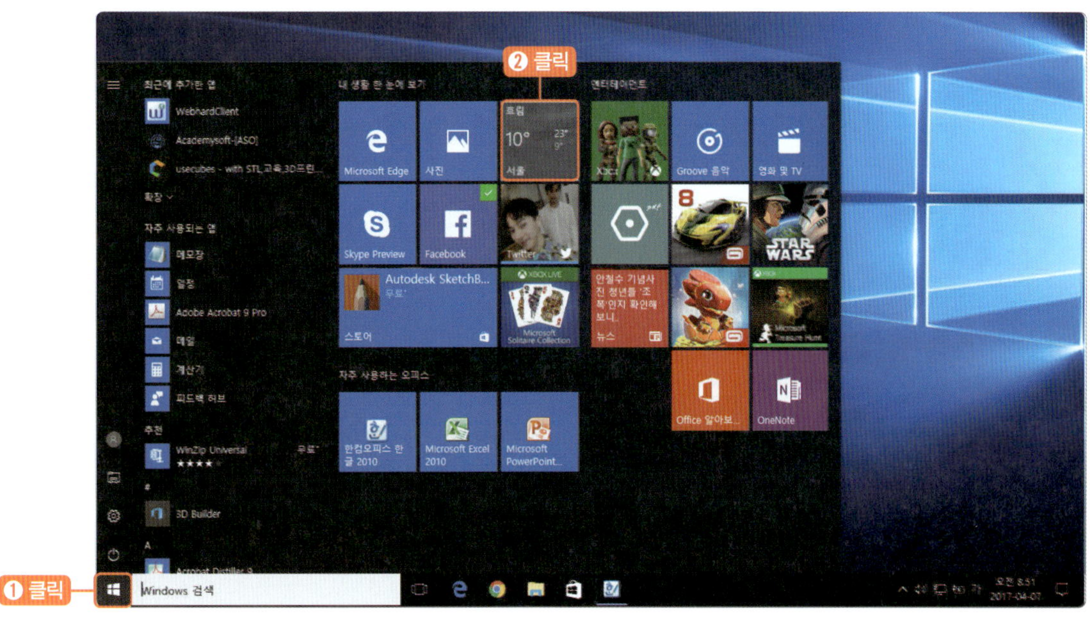

❷ [날씨] 앱이 실행되면 온도 표시를 **섭씨**로 설정합니다. 이어서, '검색' 칸에 현재 살고 있는 **지역**을 입력하여 선택 또는 Enter 키를 누른 후 〈시작〉을 클릭합니다.

※ 위치를 검색할 때 현재 살고 있는 동네(송파구, 유성구, 서귀포 등)를 중심으로 위치를 검색할 수도 있습니다.

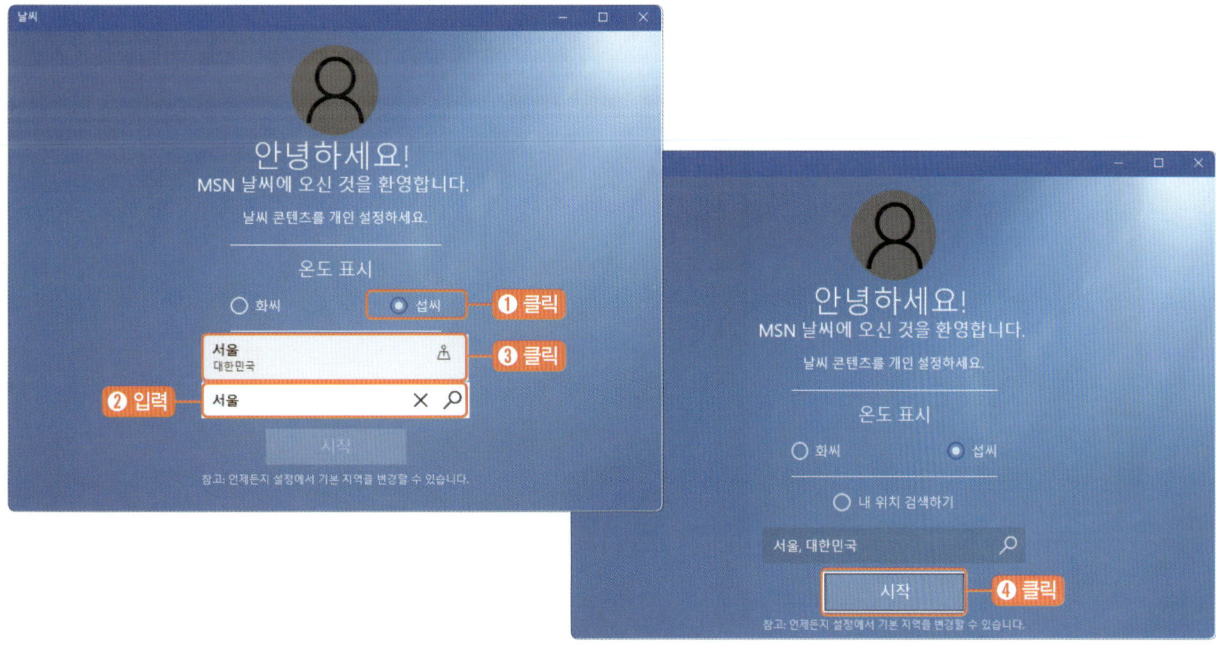

❸ 설정한 지역의 날씨 정보가 나오면 오른쪽 스크롤바를 아래쪽으로 내려서 **일일, 시간별, 자세히, 강수량, 기온** 등을 확인합니다.

※ 모니터 크기가 작을 경우 일일에서 '＜ / ＞' 이동 단추를 누르면 좌우로 화면이 이동되어 화면에 보이지 않던 정보를 확인할 수 있습니다.

❹ [날씨] 앱 화면 왼쪽 위에 있는 '≡' 단추를 클릭하여 '≈ 과거 날씨'를 선택합니다. 과거 날씨 (작년 기준) 정보가 나오면 [기온], [강수량], [눈 온 날]을 클릭하여 날씨 정보를 확인합니다.

※ 일기 예보(⌂) 단추를 클릭하면 날씨 정보 화면으로 전환됩니다.

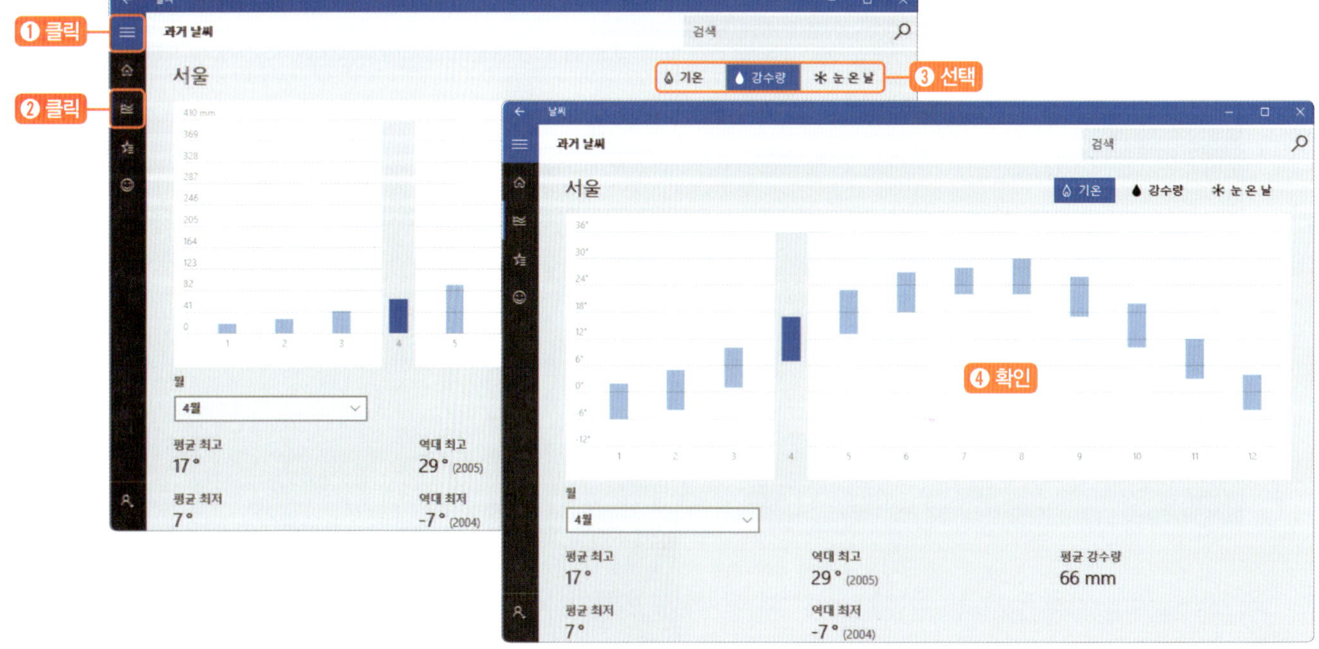

❺ [날씨] 앱 화면 왼쪽 위에 있는 '▤' 단추를 클릭하여 '☆ 즐겨찾기'를 클릭합니다. [즐겨찾기] 화면이 나오면 '＋' 단추를 클릭하여 **즐겨찾기에 추가할 지역**을 입력한 후 해당 지역의 날씨 정보를 확인합니다.

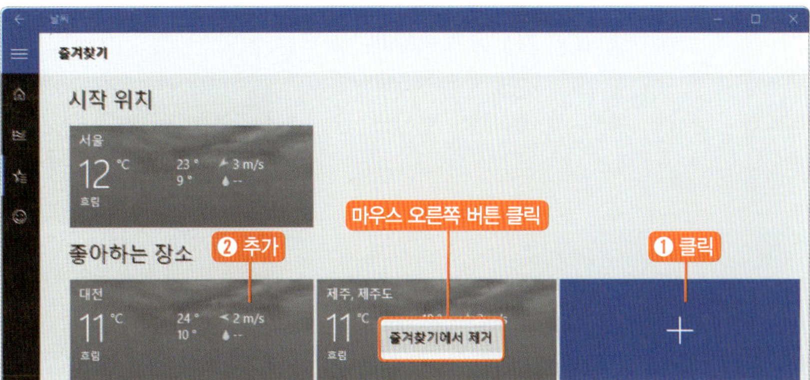

❻ [날씨] 앱 왼쪽 아래에 있는 설정(⚙) 단추를 클릭합니다. [설정] 화면이 나오면 처음에 설정했던 **시작 위치(기본 위치)**를 변경할 수 있습니다.

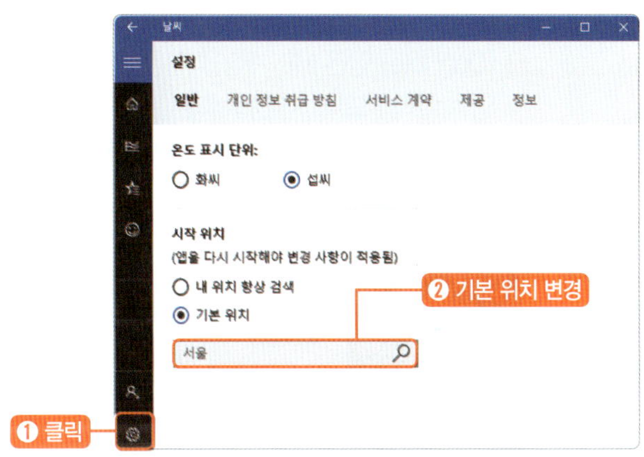

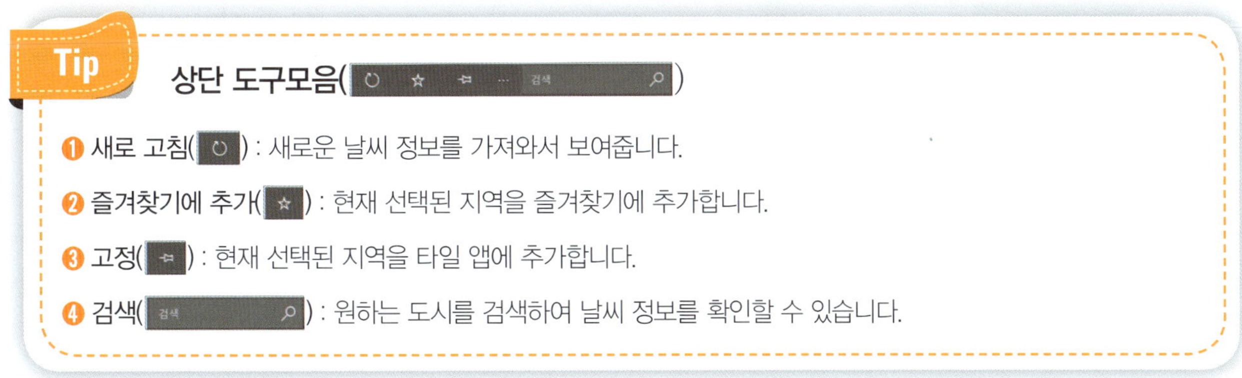

Tip 상단 도구모음(🔄 ☆ 📌 ⋯ 검색 🔍)

❶ 새로 고침(🔄) : 새로운 날씨 정보를 가져와서 보여줍니다.

❷ 즐겨찾기에 추가(☆) : 현재 선택된 지역을 즐겨찾기에 추가합니다.

❸ 고정(📌) : 현재 선택된 지역을 타일 앱에 추가합니다.

❹ 검색(검색 🔍) : 원하는 도시를 검색하여 날씨 정보를 확인할 수 있습니다.

MS 계정 및 외부 계정이 필요한 앱을 알아봅시다.

※ [메일], [일정], [OneNote] 앱은 사용자 계정이 필요한 앱들로 시스템 환경에 따라서 기능(동기화 등)이 원활하지 않은 경우도 있으니 참고하시기 바랍니다.

❶ [메일] 앱()은 윈도우10에서 모든 메일을 하나로 관리할 수 있는 앱 입니다. [메일] 앱을 사용하기 위해서는 '외부 메일 계정'을 등록해야만 사용할 수 있습니다.

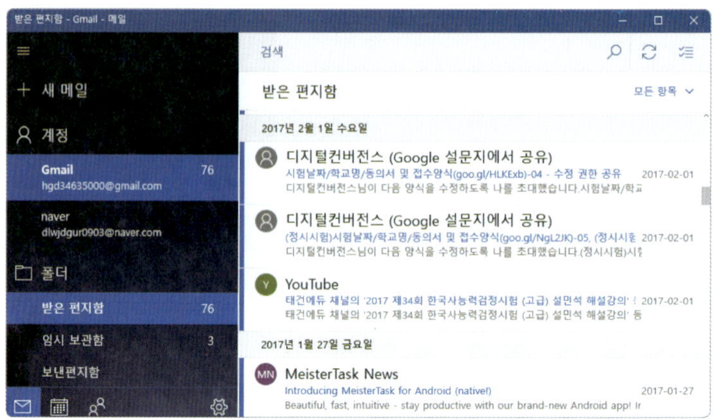

❷ [일정] 앱( )은 MS 계정 또는 **구글** 계정을 이용하여 스케줄을 관리하는 앱 입니다. [일정] 앱은 [메일] 앱에서 등록한 계정(구글 등)을 그대로 사용할 수 있습니다.

❸ [OneNote] 앱은 **MS 계정**을 이용하여 '메모나 자료' 등을 정리하는 앱으로 마이크로소프트에서 제공하는 원드라이브(클라우드)에 저장됩니다.

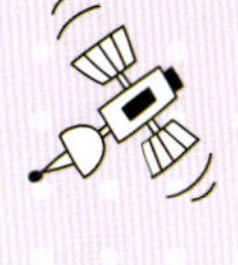

 **뚝딱 1** 세계 나라의 수도를 입력하여 [날씨] 정보를 확인해 봅시다.

📁 불러올 파일 : 없음 💾 완성된 파일 : 없음

① 아시아 : 도쿄(일본), 자카르타(인도네시아), 베이징(중국), 뉴델리(인도)

② 유럽 : 아테네(그리스), 베를린(독일), 베른(스위스), 로마(이탈리아), 파리(프랑스)

③ 북미 및 중남미 : 워싱턴DC(미국), 오타와(캐나다), 킹스턴(자메이카), 아바나(쿠바)

 **뚝딱 2** 윈도우 바탕화면에 [Sticky Notes] 앱(   )을 이용하여 중요한 일정들을 입력해 보세요.

📁 불러올 파일 : 없음 💾 완성된 파일 : 없음

① [시작] 단추(   )를 클릭하여 '   ' 앱을 실행합니다.

② [Sticky Notes] 앱 실행되면 간단한 내용을 입력합니다.

③ ' + ' : 새로운 노트를 추가, ' … ' : 색상 변경 메뉴가 나옴

　' 🗑 ' : 노트를 삭제

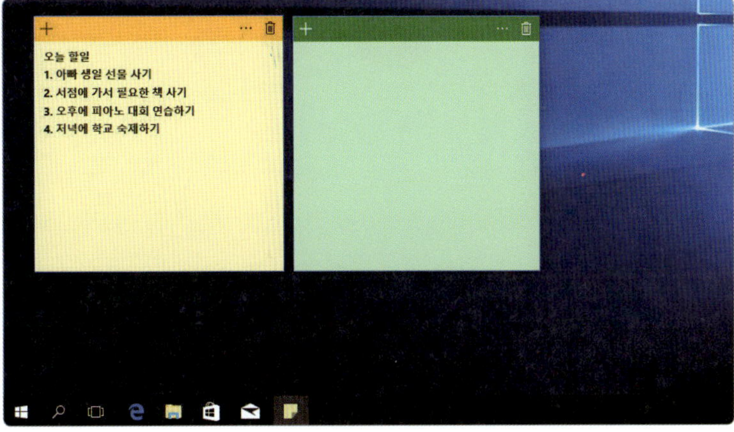

12 [그림판 3D] 앱으로 3D 니모 만들기

완성 작품 미리보기

📂 불러올 파일 : 없음　💾 완성된 파일 : 물고기 완성

▶ [그림판 3D] 앱을 이용하여 3D 개체(물고기)를 삽입해 봅시다.

▶ '채우기(▮)' 및 '마커(✎)' 도구를 이용하여 무늬를 색칠해 봅시다.

▶ 스티커를 이용하여 눈을 만들어 봅시다.

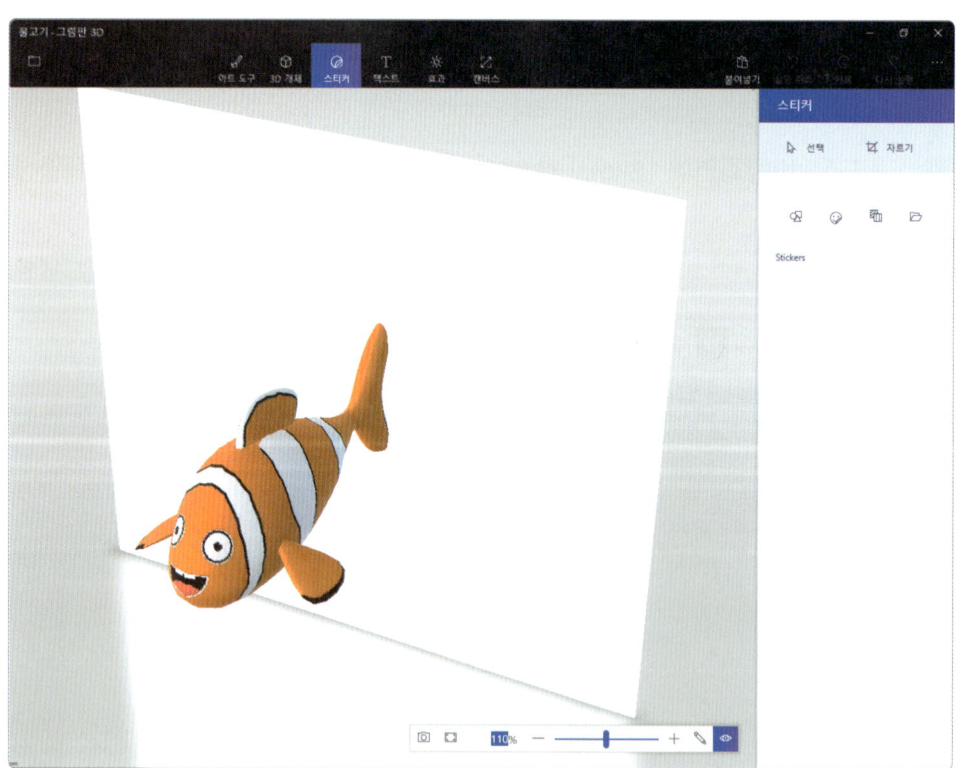

[그림판 3D] 앱을 이용하여 3D 개체(물고기)를 삽입해 봅시다.

❶ [시작] 단추()를 클릭한 후 **[그림판 3D]**를 선택합니다. [그림판 3D] 앱이 실행되면 **[새로 만들기]**를 클릭합니다.

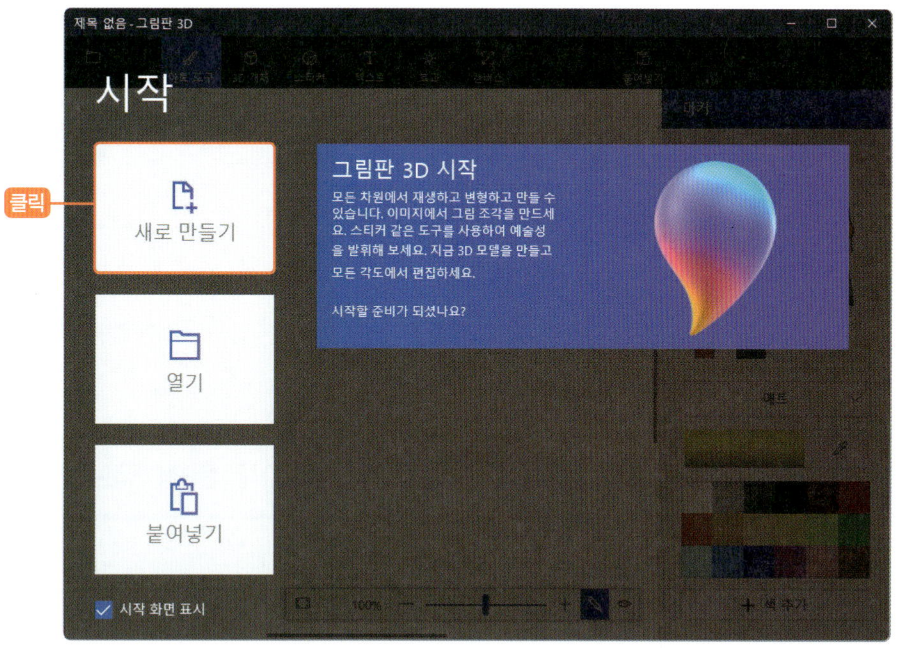

❷ 빈 캔버스가 나오면 상단 도구에서 **[3D 개체]**를 클릭합니다. 화면 오른쪽의 '3D 모델' 중에서 **물고기**( )를 클릭한 후 캔버스 안을 드래그하여 물고기를 삽입합니다.

※ 물고기 크기는 마우스로 드래그한 영역만큼 커집니다.

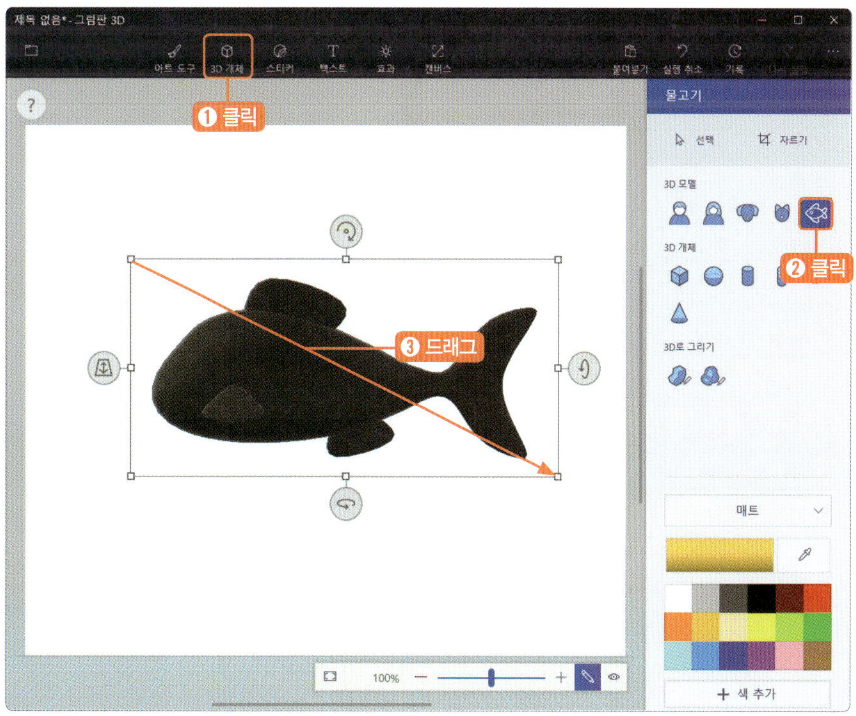

개체 선택 도구 사용 방법

[그림판 3D] 앱 왼쪽 위에 있는 '물음표(?)'를 클릭하면 4개의 개체 선택 도구에 대한 사용 방법이 동영상으로 나옵니다. 해당 동영상을 이용하여 개체 선택 도구의 사용 방법을 연습 합니다.

2 '채우기( )' 및 '마커( )' 도구를 이용하여 무늬를 색칠해 봅시다.

❶ 상단 도구에서 [아트 도구]를 클릭합니다. 화면 오른쪽에 여러 가지 색칠 도구가 나오면 **채우기( )**를 클릭한 후 아래쪽 색상 팔레트에서 **주황**을 선택합니다. 이어서, 물고기를 클릭하여 색을 채웁니다.

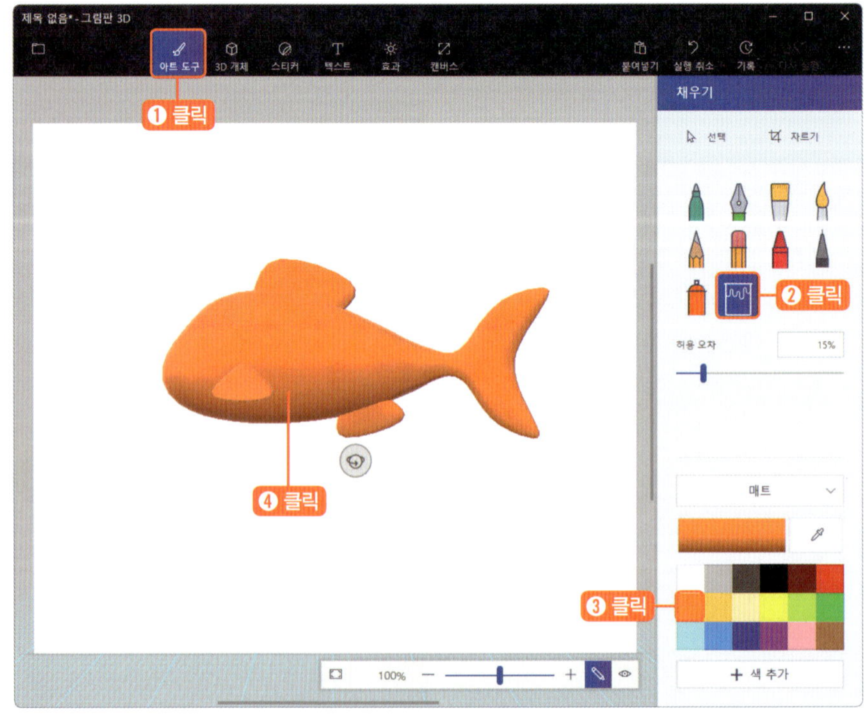

❷ 주황으로 색이 채워지면 오른쪽 도구에서 **마커**( )를 클릭한 후 **두께**(20px), **불투명도** (100%), **색상(흰색)**을 지정합니다.

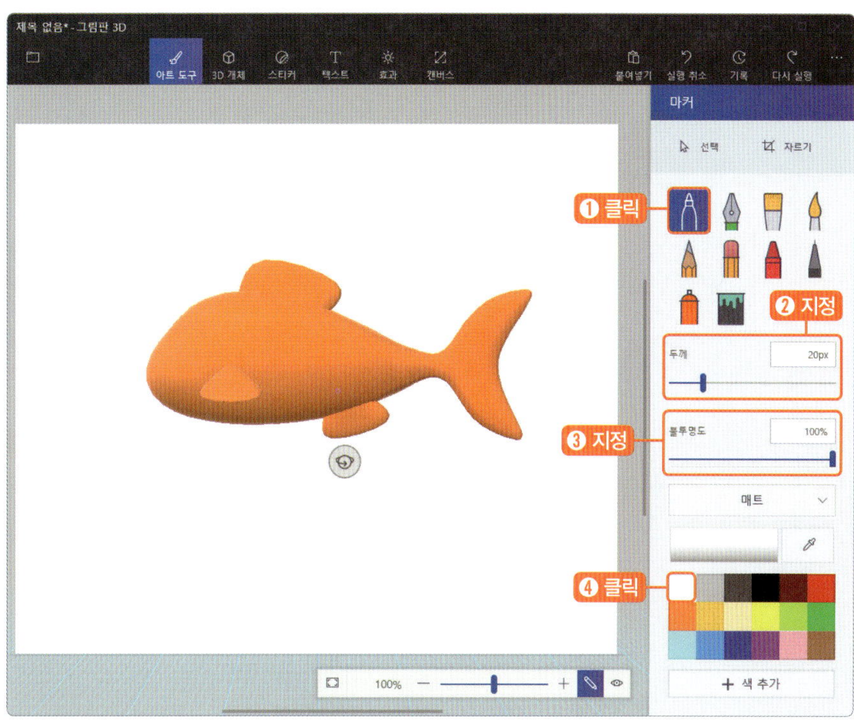

❸ 마우스 왼쪽 버튼을 누른 채 아래 이미지처럼 **몸통**과 **지느러미**에 무늬를 그립니다. 두꺼운 무늬는 여러 번 색을 칠하여 두껍게 만들며, **지느러미 부분**은 두께를 10px로 변경하여 가늘 게 무늬를 그립니다.

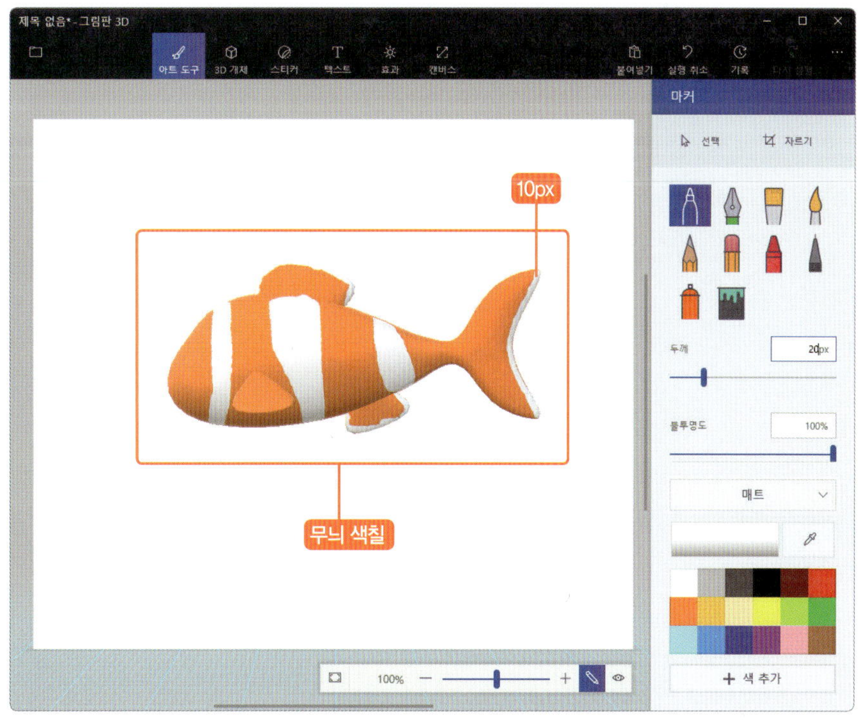

색칠하는 방법

❶ 마우스 휠을 '위/아래'로 굴리면 화면이 '확대 및 축소'되어 세밀한 부분에 색을 칠할 편리합니다.

❷ 색을 칠하다가 잘 못 칠한 경우 [Ctrl]+[Z] 키를 눌러 다시 색을 칠합니다.

❸ 색을 주황으로 변경하여 흰색 부분을 덧칠하면 좀 더 깨끗하게 색칠을 할 수 있습니다.

❹ 3D 개체에 색을 칠 할 때 마우스 커서가 3D 개체 바깥쪽으로 벗어나더라도 바탕에 색이 칠해지지 않습니다.

❺ 색을 칠할 때 '회전(◉) 아이콘'을 누른 채 마우스를 드래그하면 다양한 각도로 3D 개체를 회전시켜 색을 칠할 수 있습니다. 회전 후 이전 각도로 되돌리려면 ' ⊗ ' 아이콘을 클릭하면 됩니다.

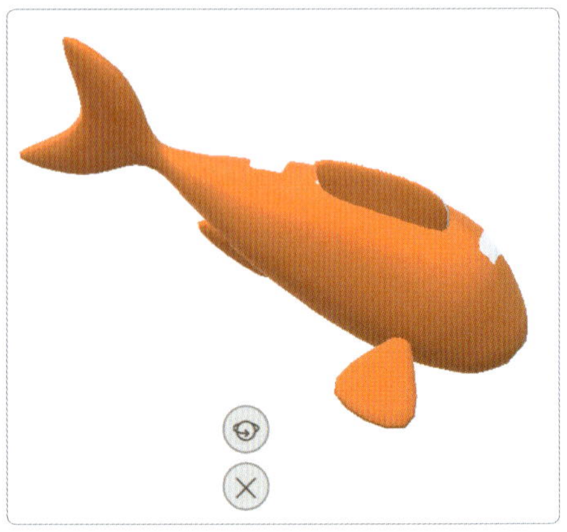

❹ **회전(◉) 아이콘**을 이용하여 물고기의 각도를 변경한 후 **반대편 몸통**에 무늬를 연결하여 그립니다. 이어서, 지느러미도 두께를 10px로 변경하여 가늘게 무늬를 그립니다.

※ 회전 아이콘을 아래쪽으로 드래그하여 '등' 부분의 색을 칠한 후 위쪽으로 드래그하여 '배' 부분을 색칠하는 것이 편리합니다.

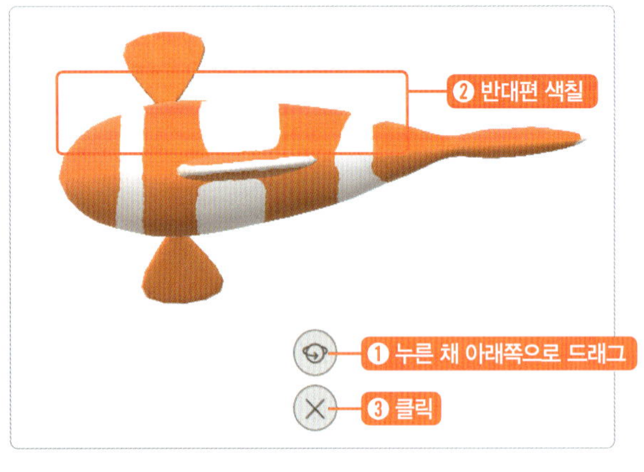

❺ 색상 팔레트에서 **검정**을 클릭한 후 두께를 **4px**로 변경합니다. 이어서, 흰색 무늬 바깥쪽 부분을 모두 검정색으로 칠합니다. 이어서, 왼쪽과 오른쪽 지느러미 끝부분도 검정색으로 색칠합니다.

※ 주황과 흰색 경계에 색을 칠하는 것이기 때문에 화면을 확대하여 작업하는 것이 편리합니다.

▲ 왼쪽 화면

▲ 오른쪽 화면

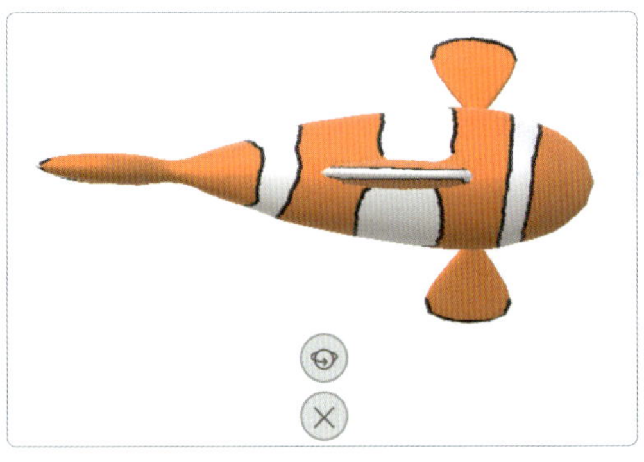
▲ 위쪽 화면

▲ 아래쪽 화면

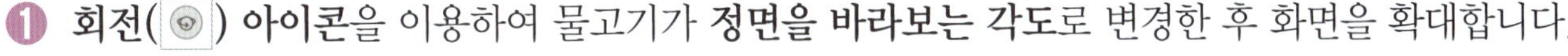

3 스티커를 이용하여 눈을 만들어 봅시다.

❶ 회전(⊚) **아이콘**을 이용하여 물고기가 **정면을 바라보는 각도**로 변경한 후 화면을 확대합니다.

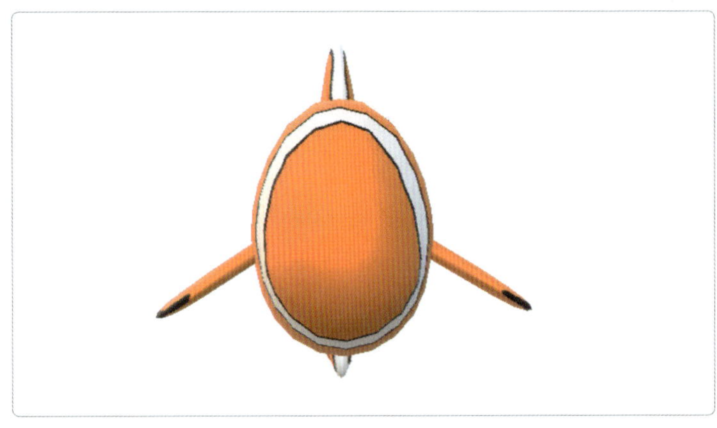

❷ 상단 도구에서 **[스티커]**를 클릭한 후 화면 오른쪽에 **스티커(☺)**를 선택합니다. 여러 가지 스티커 아이콘이 나오면 **눈(◉)**을 클릭한 후 적당한 크기로 드래그하여 오른쪽에 삽입한 다음 **복제 도장(🔖)**을 클릭합니다.

※ 조절점을 이용하여 크기를 조절한 후 점선 박스 안쪽을 클릭하여 위치를 지정합니다.

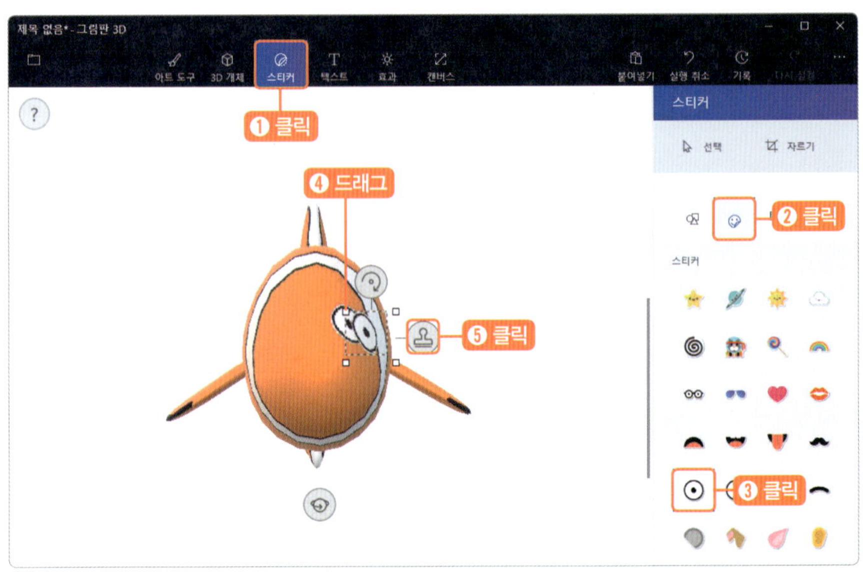

❸ 눈이 복제되면 마우스로 드래그하여 **왼쪽으로 이동**시킨 후 오른쪽 눈과 위치를 맞춘 다음 빈 곳을 클릭합니다.

※ 눈의 위치가 정상적이지 않을 경우에는 **Ctrl**+**Z** 키를 눌러 눈이 없는 이전 상태로 되돌린 후 다시 스티커를 이용하여 눈을 삽입합니다.

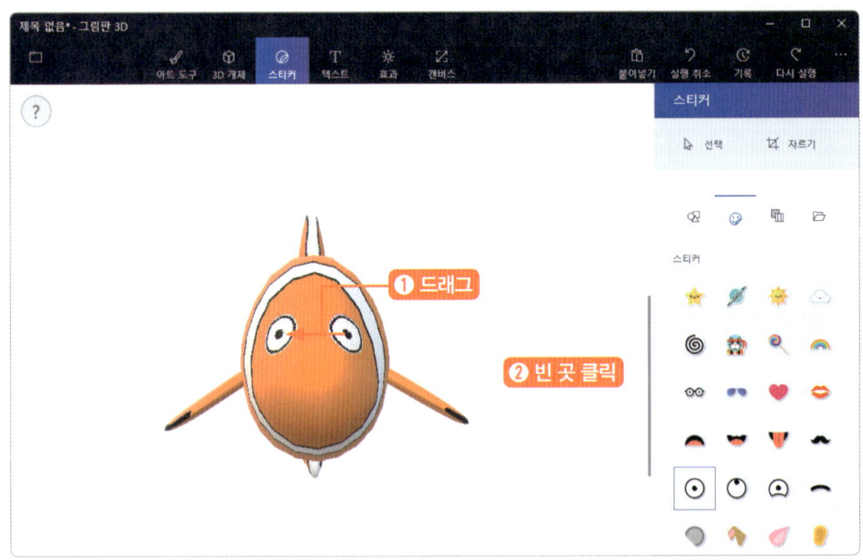

※ 입 모양과 저장 작업은 '혼자서 뚝딱 뚝딱' 에서 작업하세요.

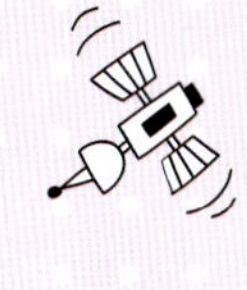

CHAPTER 12

혼자서 뚝딱 뚝딱!

뚝딱 1 스티커를 이용하여 입을 만든 후 완성된 작품을 3D로 확인해 봅시다.

📁 불러올 파일 : 없음　　💾 완성된 파일 : 물고기 완성

① 상단 도구에서 [스티커]를 클릭한 후 [스티커]에서 '행복(😀)'을 선택합니다.

② 입이 삽입될 눈 아래쪽 부분을 적당한 크기로 드래그하여 삽입한 후 빈 곳을 클릭합니다.

③ 화면 아래쪽에 '3D 보기(👁)'를 클릭한 후 마우스로 드래그하여 완성된 작품을 확인합니다.

※ 편집(✎)을 클릭하면 '3D 보기'가 해제 되어 물고기를 다시 편집할 수 있습니다.

뚝딱 2 완성된 3D 물고기를 저장해 봅시다.

📁 불러올 파일 : 없음　　💾 완성된 파일 : 물고기 완성

① 왼쪽 상단의 파일명(제목 없음—그림판 3D) 아래쪽에 있는 '메뉴 확장(▢)'을 클릭합니다.

② [저장] 화면으로 바뀌면 '그림판 3D 프로젝트'를 클릭합니다. [프로젝트 이름 지정] 창이 나오면 원하는 파일명을 입력한 후 〈그림판 3D에 저장〉을 클릭합니다.

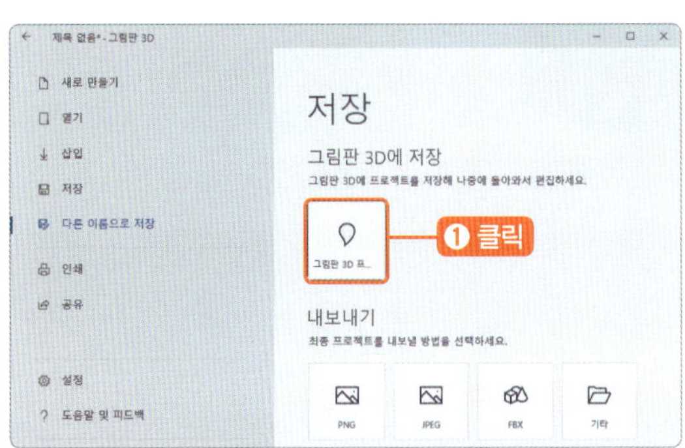

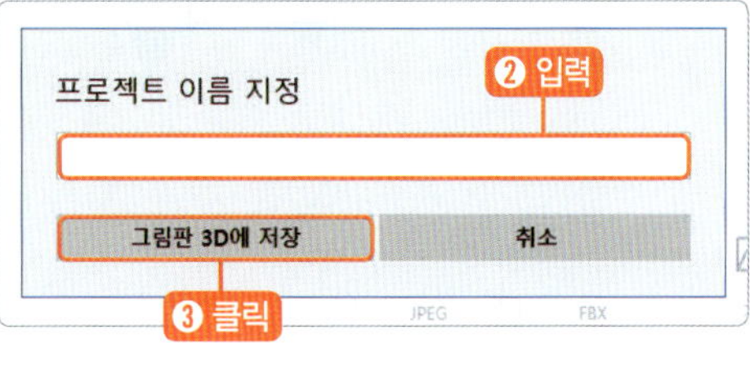

[그림판 3D] 앱으로 3D 스폰지 밥 얼굴 만들기

📂 불러올 파일 : 없음　📗 완성된 파일 : 스폰지 밥 완성

▶ [그림판 3D] 앱을 이용하여 스폰지 밥 얼굴의 기본 틀을 만들어 봅시다.

▶ 3D 개체의 구형(⬤)을 이용하여 눈을 만들어 봅시다.

▶ 3D 개체의 매끄러운 가장자리(🎨)를 이용하여 코를 만들어 봅시다.

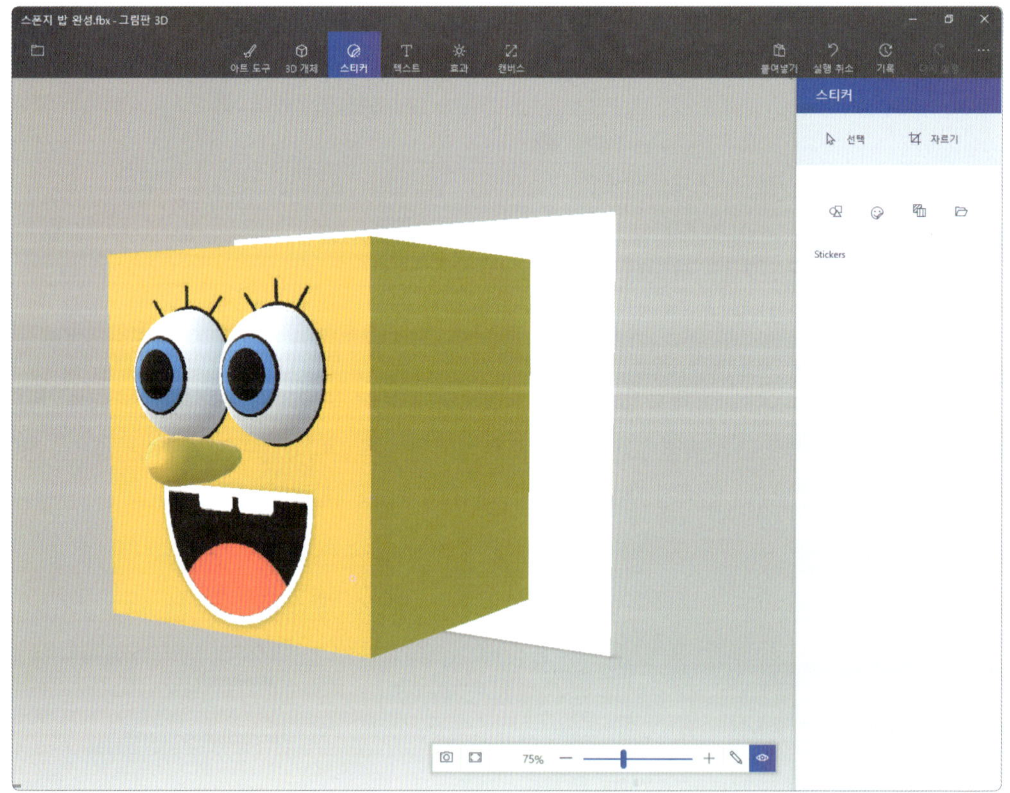

 [시작] 단추(■)를 클릭한 후 [그림판 3D]를 클릭합니다. [그림판 3D] 앱이 실행되면 [새로 만들기]를 클릭합니다.

❷ 빈 캔버스가 나오면 상단 도구에서 [3D 개체]를 클릭합니다. 화면 오른쪽의 '3D 개체' 항목 중에서 **정육면체( )**를 클릭한 후 색상 팔레트에서 **금색**을 선택합니다.

❸ 캔버스 안을 드래그하여 스폰지 밥 얼굴을 만듭니다. 이어서, 상단 도구에서 [스티커]를 클릭한 후 화면 오른쪽에 2D 셰이프( )를 선택합니다.

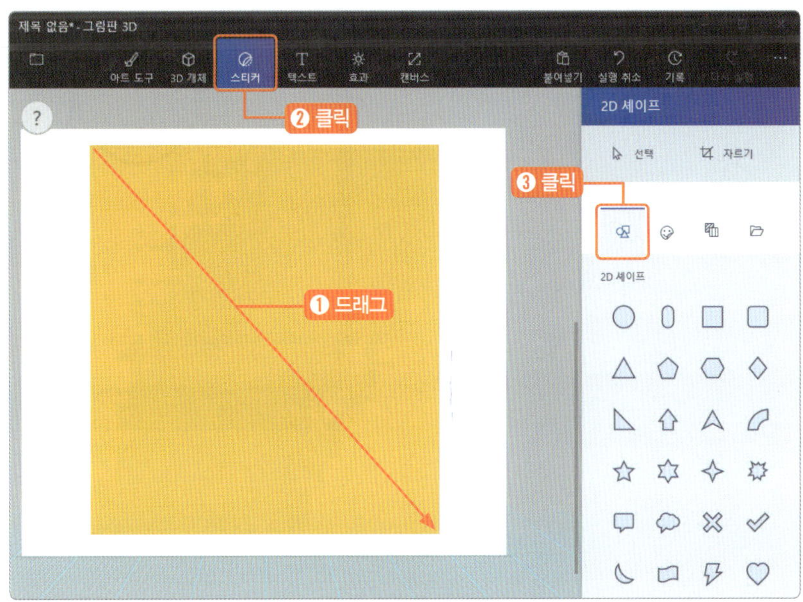

④ 여러 가지 2D 셰이프 중에서 **원(◎)**을 클릭합니다. 마우스로 드래그하여 **왼쪽 눈 모양**을 그린 후 **선 종류(검정−단색)와 두께(5px)**를 지정합니다. 이어서, **복제 도장(◎)**을 클릭한 후 복제된 원을 오른쪽으로 드래그하여 눈의 위치를 맞춥니다.

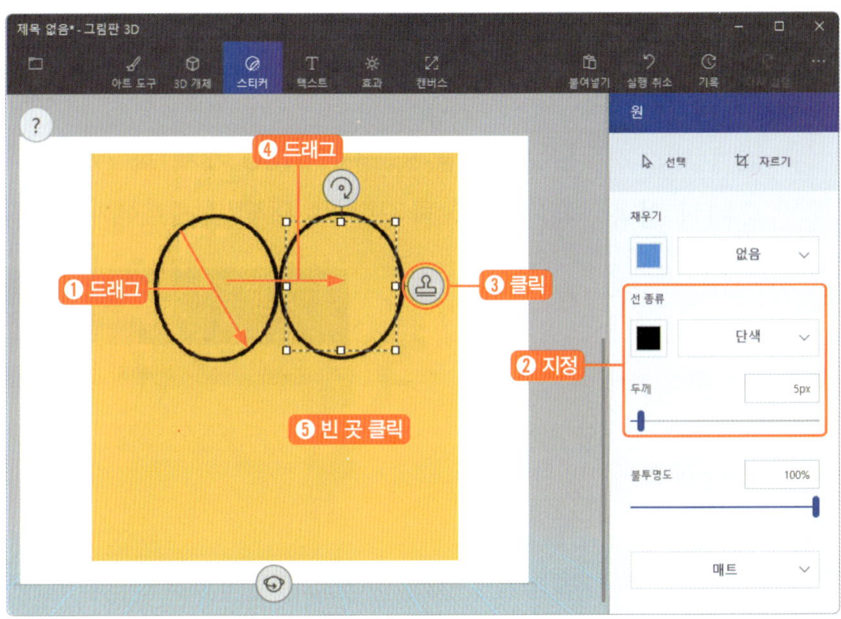

⑤ 상단 도구에서 [**아트 도구**]를 클릭합니다. 화면 오른쪽에 여러 가지 색칠 도구가 나오면 **마커(◢)**를 클릭한 후 **두께(5px), 불투명도(100%), 색상(검정)**을 지정합니다. 이어서, 눈 모양 위쪽에 **눈썹 모양**을 그립니다.

❶ 상단 도구에서 [**3D 개체**]를 클릭합니다. 화면 오른쪽의 '3D 개체' 항목 중에서 **구형**(●)을 클릭한 후 색상 팔레트에서 **흰색**을 선택합니다. 이어서, 왼쪽 눈 모양에 맞추어 3D 원을 그립니다.

※ 조절점을 이용하여 원의 크기를 조절한 후 위치를 검정색 눈 모양 안쪽에 맞춥니다.

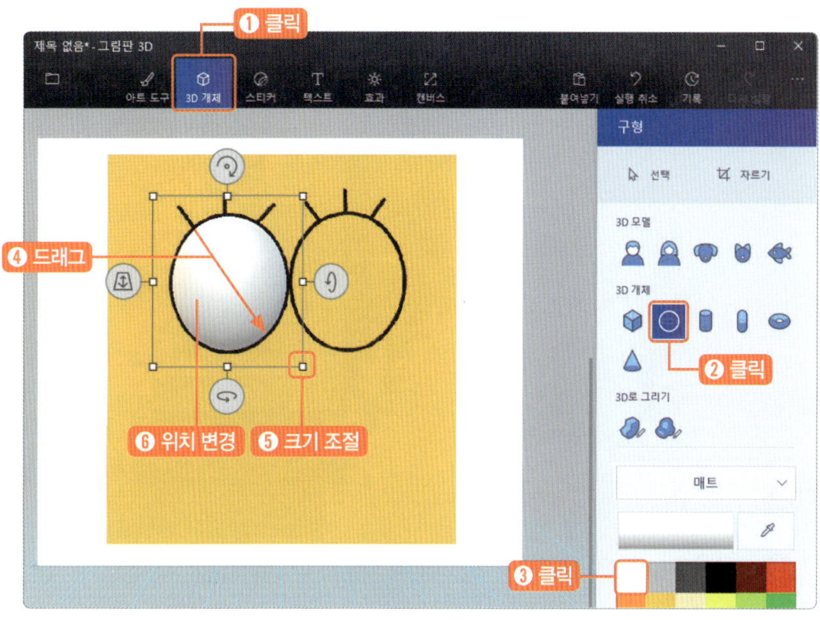

❷ 상단 도구에서 [**스티커**]를 클릭한 후 **2D 셰이프**(▨) – **원**(○)을 선택합니다. 이어서, 3D 원 안쪽에 2D 원을 그린 후 **복제 도장**(⌷)을 클릭하여 2D 원 안에 '작은 원'을 만듭니다.

※ 조절점을 이용하여 작은 원의 크기를 조절한 후 위치를 맞춥니다.

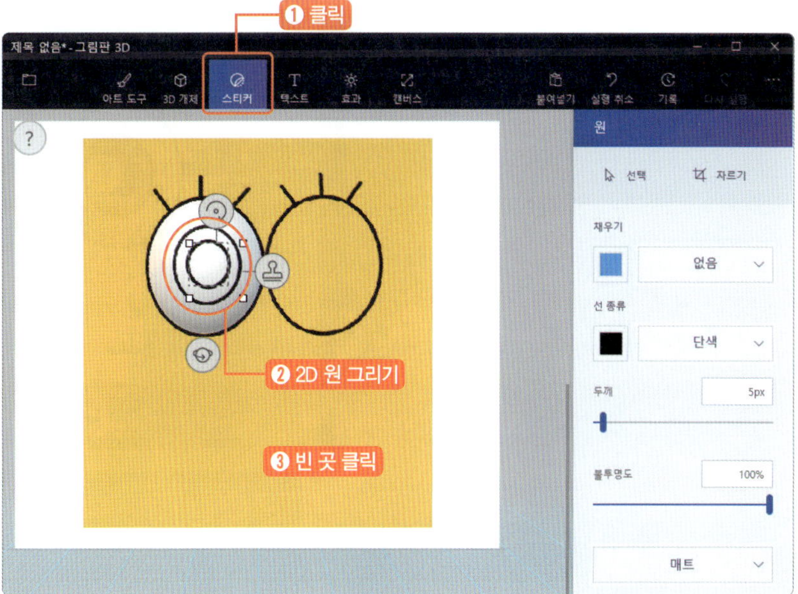

❸ 상단 도구에서 [아트 도구]를 클릭합니다. 화면 오른쪽에 여러 가지 색칠 도구가 나오면
채우기(▓ **)**를 클릭한 후 아래쪽 색상 팔레트에서 **옥색**을 선택합니다. 이어서, 바깥쪽 원을
클릭하여 색을 채웁니다. 똑같은 방법으로 안쪽의 작은 원도 **검정**으로 채웁니다.

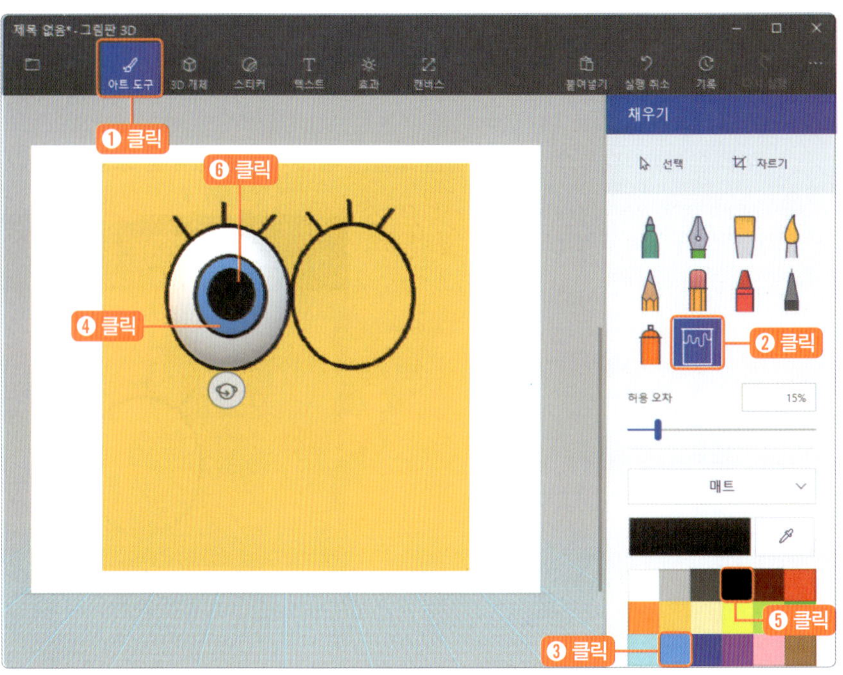

❹ 채우기가 완료되면 **선택(** ▷ 선택 **)**을 클릭한 후 '왼쪽 눈 모양(3D 원)'을 선택합니다. 이어서,
'편집' 항목에서 **복사-붙여넣기**를 클릭하여 왼쪽 눈을 복사한 후 오른쪽 눈 모양 안으로
드래그하여 위치를 맞춥니다.

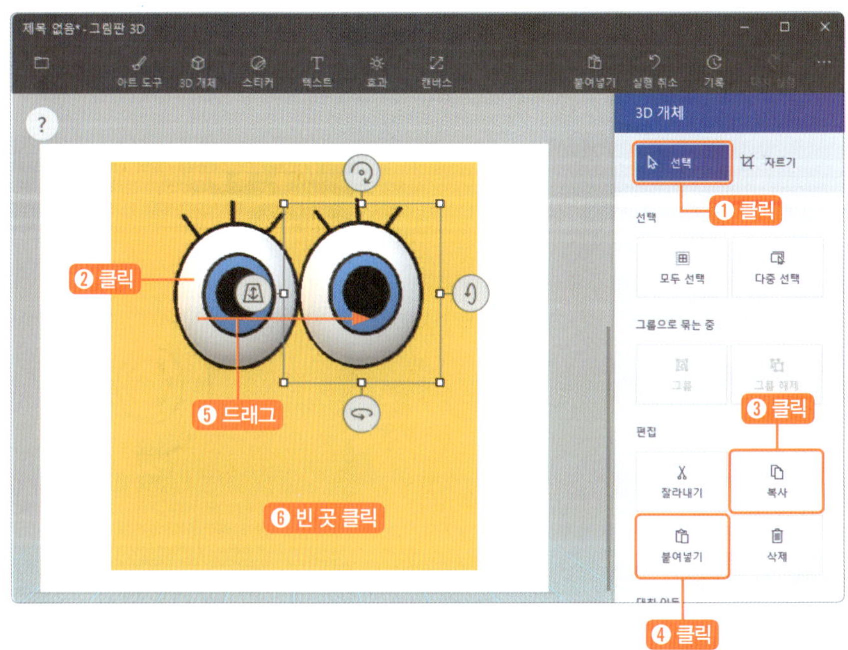

3D 개체의 매끄러운 가장자리( )를 이용하여 코를 만들어 봅시다.

❶ 상단 도구에서 [**3D 개체**]를 클릭합니다. 화면 오른쪽의 '3D로 그리기' 항목 중에서 **매끄러운 가장자리**( )를 클릭한 후 색상 팔레트에서 **금색**을 선택합니다. 이어서, 눈 아래쪽에 마우스를 드래그하여 **코 모양**을 그립니다.

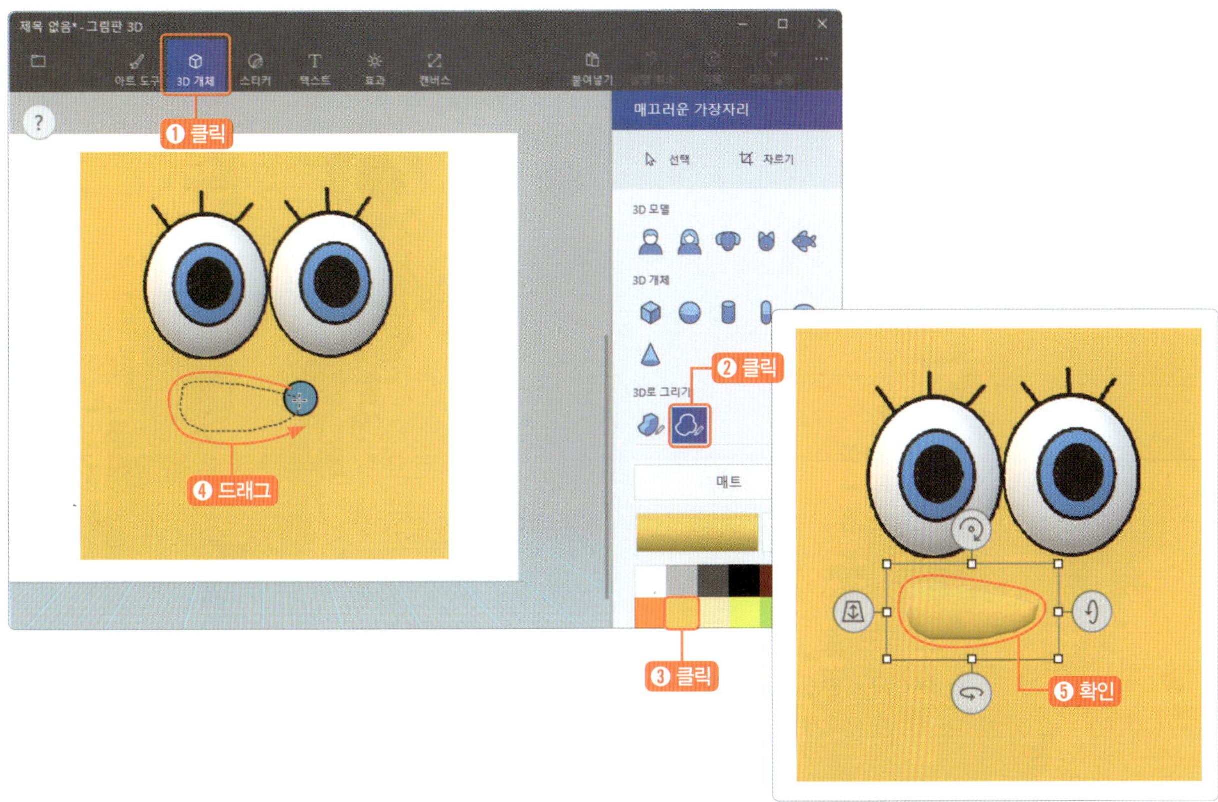

❷ 코 모양이 만들어지면 **좌우 회전**( ) 도구를 오른쪽으로 드래그하여 앞쪽으로 방향을 변경한 후 조절점 오른쪽을 드래그하여 크기를 조절합니다. 이어서, 코의 위치를 **눈 아래쪽으로 드래그**하여 위치를 변경합니다.

❸ 코의 위치가 변경되면 **깊이 조절(⬛)** 도구를 누른 채 위아래로 드래그하여 얼굴과의 거리를 조절합니다.

※ 마우스를 아래쪽으로 드래그하면 얼굴보다 먼 방향으로 조절되며, 위쪽으로 드래그하면 얼굴과 가까운 방향으로 조절됩니다.

❹ 화면 아래쪽에 **3D 보기(👁)**를 클릭한 후 마우스로 드래그하여 **코의 깊이를 확인**합니다. 만약, 깊이가 맞지 않을 경우 '깊이 조절(⬛)' 도구를 이용하여 다시 조절합니다.

※ 편집(✎)을 클릭하면 '3D 보기'가 해제 되어 스폰지 밥을 편집할 수 있습니다.

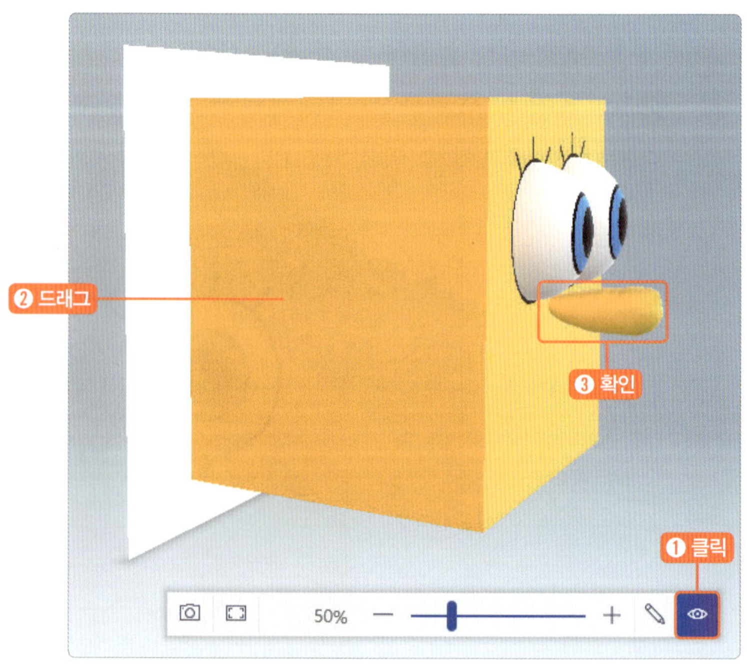

▲ 입 모양과 저장 작업은 '혼자서 뚝딱 뚝딱' 에서 작업하세요.

뚝딱 1 스티커를 이용하여 입을 만든 후 완성된 작품을 3D로 확인해 봅시다.

📁 불러올 파일 : 없음 💾 완성된 파일 : 스폰지 밥 완성

① 상단 도구에서 [스티커]를 클릭한 후 [스티커]에서 '행복(😛)'을 선택합니다.

② 입이 삽입될 코 아래쪽 부분을 적당한 크기로 드래그하여 삽입한 후 빈 곳을 클릭합니다.

③ 화면 아래쪽에 '3D 보기(👁)'를 클릭한 후 마우스로 드래그하여 완성된 작품을 확인합니다.

※ 편집(✏)을 클릭하면 '3D 보기'가 해제 되어 스폰지 밥을 다시 편집할 수 있습니다.

뚝딱 2 완성된 3D 스폰지 밥을 저장해 봅시다.

📁 불러올 파일 : 없음 💾 완성된 파일 : 스폰지 밥 완성

① 왼쪽 상단의 파일명(제목 없음 – 그림판 3D) 아래쪽에 있는 '메뉴 확장(⬜)'을 클릭합니다.

② [저장] 화면으로 바뀌면 '그림판 3D 프로젝트'를 클릭합니다. [프로젝트 이름 지정] 창이 나오면 원하는 파일명을 입력한 후 〈그림판 3D에 저장〉을 클릭합니다.

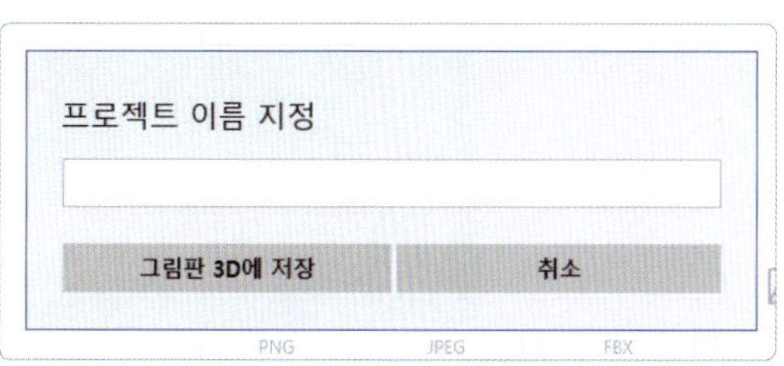

14

[알람 및 시계]와 [지도] 앱을 이용하여 세계 시간 및 위치 알아보기

완성 작품 미리보기

📁 불러올 파일 : 없음   💾 완성된 파일 : 없음

▶ [알람 및 시계] 앱을 이용하여 약속 시간을 알람으로 설정해 봅시다.

▶ [알람 및 시계] 앱을 이용하여 세계 시간을 알아 본 후 [지도] 앱으로 위치를 확인해 봅시다.

 **1** [알람 및 시계] 앱을 이용하여 약속 시간을 알람으로 설정해 봅시다.

❶ [시작] 단추(■)를 클릭한 후 **[알람 및 시계]** 앱을 클릭합니다.

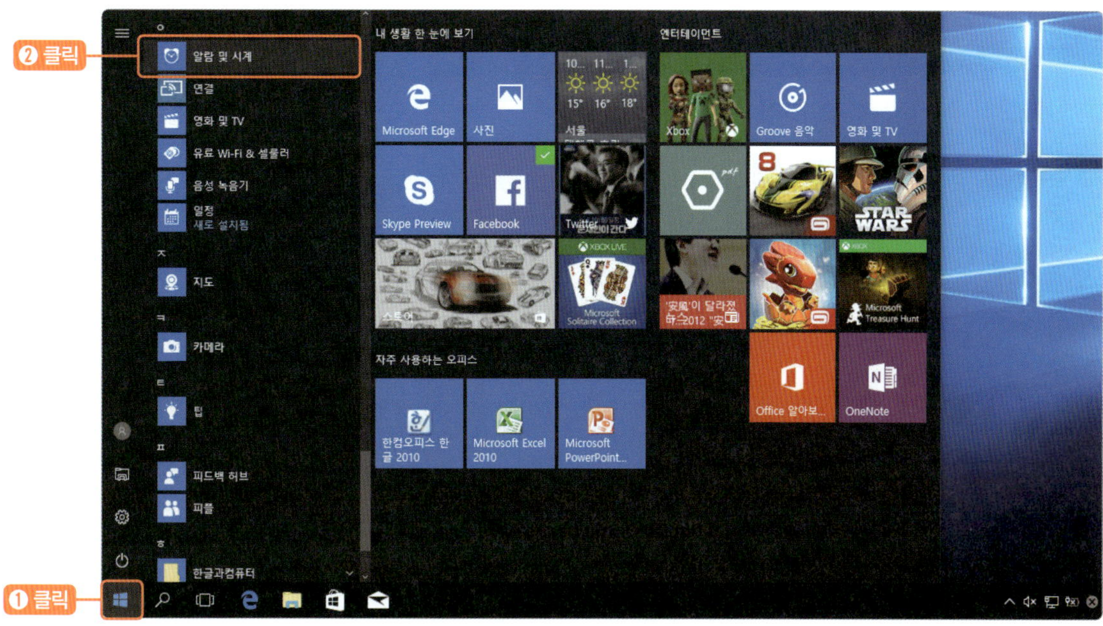

❷ [알람 및 시계] 앱이 실행되면 약속 시간에 맞추어 알람을 지정하기 위하여 **[알람(　)]**을 클릭한 후 **[새 알람 추가(+)]**를 클릭합니다.

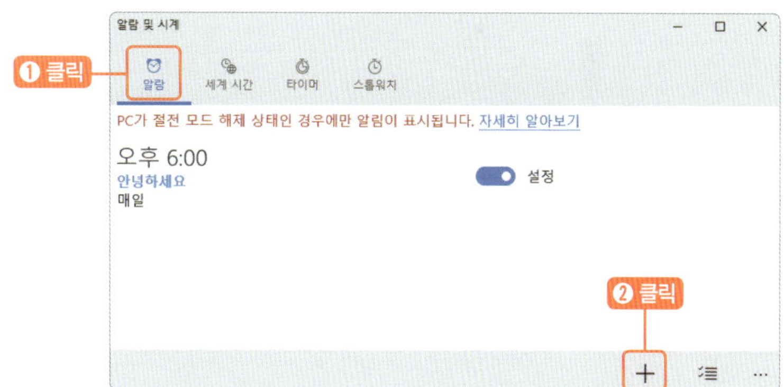

Tip **절전 모드 해제**

'알람 및 타이머'는 앱을 종료하거나 PC가 잠긴 경우에도 작동을 하지만 PC가 '절전 모드'로 바뀌면 알람 기능을 사용할 수 없습니다. [설정(⚙)]→[시스템]→[전원 및 절전]에서 '절전 모드' 기능을 해제할 수 있습니다.

❸ [새 알람]으로 화면이 전환되면 약속 시간에 맞추어 알람을 설정한 후 [저장(🖫)]을 클릭합니다.

- 시간 설정 부분에서 **오전** 및 **오후**를 지정한 후 **알람 시간(시:분)**을 설정합니다. '시간' 또는 '분'을 클릭한 후 마우스 휠을 위/아래로 굴리면 빠르게 시간을 설정할 수 있습니다.

- **알람 이름** : 알람을 구분할 수 있는 이름을 입력합니다.

- **반복** : '일요일~토요일'까지 반복할 요일을 선택할 수 있으며, 만약 아무 요일도 선택하지 않으면 '한 번만'으로 설정됩니다.

- **소리** : 알람 시간이 되었을 때 알려줄 소리를 설정합니다.

- **다시 알림 시간** : 설정된 알람 시간 이후에 다시 알림을 알려 줄 시간을 설정합니다.

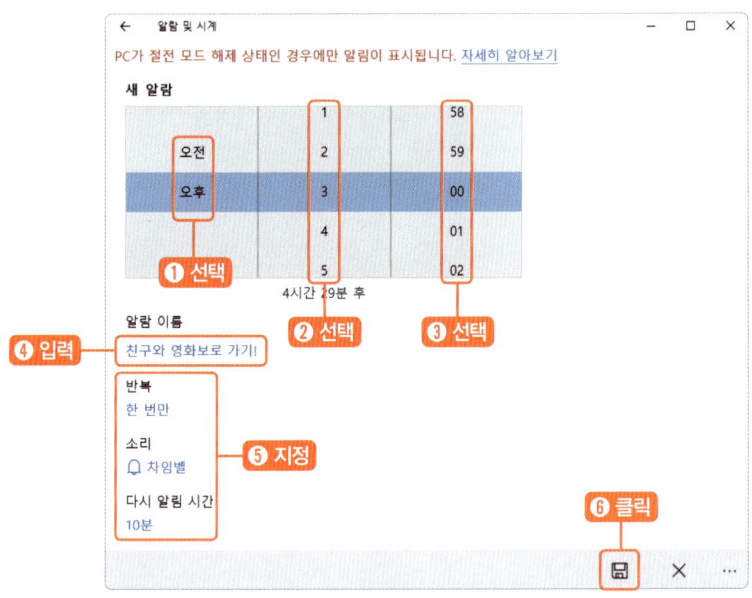

알람 삭제하기

❶ 삭제할 알람 위에서 마우스 오른쪽 버튼을 눌러 [삭제]를 클릭합니다.

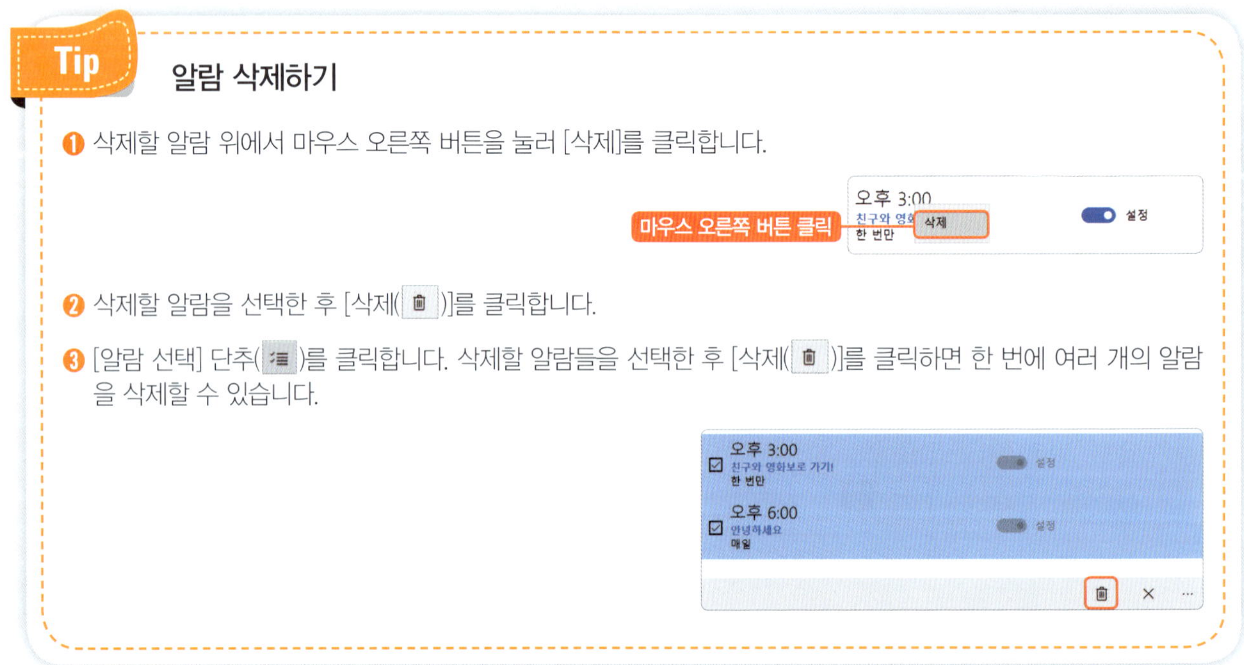

❷ 삭제할 알람을 선택한 후 [삭제(🗑)]를 클릭합니다.

❸ [알람 선택] 단추(▤)를 클릭합니다. 삭제할 알람들을 선택한 후 [삭제(🗑)]를 클릭하면 한 번에 여러 개의 알람을 삭제할 수 있습니다.

 [알람 및 시계] 앱을 이용하여 세계 시간을 알아 본 후 [지도] 앱으로 위치를 확인해 봅시다.

❶ [알람 및 시계] 앱에서 [세계 시간(　세계 시간　)]을 클릭한 후 [새 시계 추가(　+　)]를 클릭합니다.

❷ '위치 입력 칸'이 나오면 **뉴욕**을 입력한 후 **뉴욕**, NY, **미국**을 선택하거나 Enter 키를 눌러 뉴욕의 시간을 확인합니다.

※ 삭제 방법은 [알람] 삭제 방법과 비슷합니다.

❸ [시작] 단추(⊞)를 클릭한 후 [**지도**] 앱을 선택합니다. [지도] 앱이 실행되면 '검색' 칸에 **뉴욕**을 입력한 후 Enter 키를 누릅니다. 뉴욕이 검색되면 왼쪽 정보 창에서 **3D로 보기**를 클릭한 후 뉴욕의 지도를 확인합니다.

－ **확대 축소** : 마우스 휠을 위/아래로 굴립니다.

－ **이동** : 마우스 왼쪽 버튼을 누른 채 드래그합니다.

－ **회전** : 마우스 오른쪽 버튼을 누른 채 드래그합니다.

※ 뉴욕 정보 창의 [최소화] 단추(－) 클릭하면 전체 화면으로 확인할 수 있습니다.

❹ 마우스 오른쪽 버튼을 누른 채 위쪽으로 드래그하여 **위에서 아래쪽을 내려다보도록 각도로** 변경한 후 마우스 휠을 위/아래로 굴려서 **적당한 크기로 화면을 확대**합니다.

❺ 뉴욕의 시내 길을 확인하기 위하여 [지도 보기] 아이콘( )을 클릭합니다. [지도 보기]가 활성화되면 Streetside를 선택하여 **켜짐**으로 설정합니다.

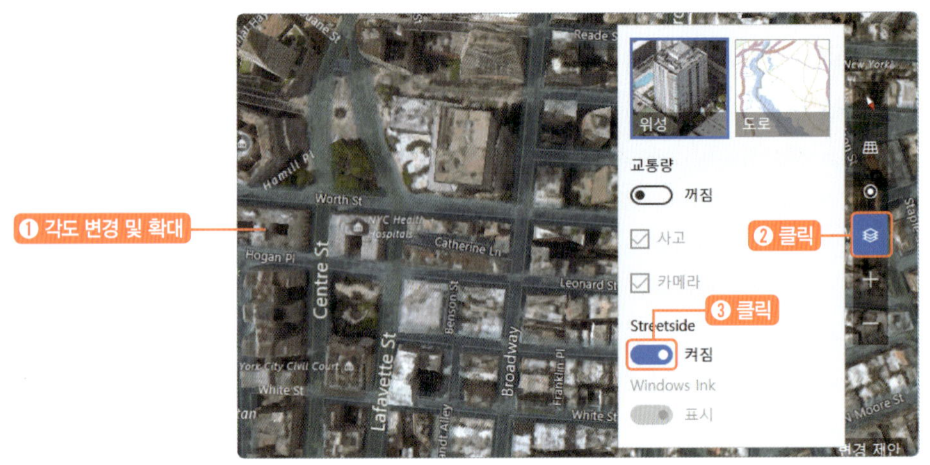

❻ 지도에서 보고 싶은 **뉴욕의 거리(길)를 더블클릭**합니다. '스트리트사이드'가 실행되면 마우스로 길을 클릭하여 보고 싶은 뉴욕의 거리를 확인합니다.

  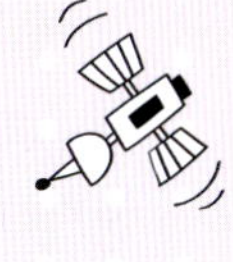

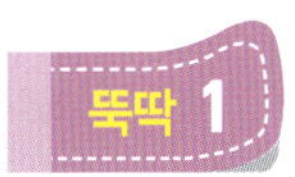 **뚝딱 1**

[3D 도시] 아이콘(🏛)을 클릭하여 [지도] 앱에서 제공하는 여러 가지 3D 도시를 확인해 봅시다.

📁 불러올 파일 : 없음　💾 완성된 파일 : 없음

① 3D 도시 검색 : 마르세유, 나폴리, 마드리드, 취리히, 나이아가라폴스

※ 마르세유는 프랑스, 나폴리는 이탈리아, 마드리드는 스페인, 취리히는 스위스, 나이아가라폴스는 미국에 위치한 관광 명소입니다.

 **뚝딱 2**

[알람 및 시계] 앱을 이용하여 타이머를 5분으로 설정해 보세요.

📁 불러올 파일 : 없음　💾 완성된 파일 : 없음

① [알람 및 시계] 앱에서 [타이머]를 클릭합니다. [새 타이머 추가(+)]를 클릭하여 '타이머 시간 (5분)'과 '타이머 이름'을 설정한 후 [저장(💾)]을 클릭합니다.

② 설정한 타이머가 나오면 '시작'을 클릭합니다.

※ 확장 단추(↗)를 클릭하면 큰 화면으로 볼 수 있습니다.

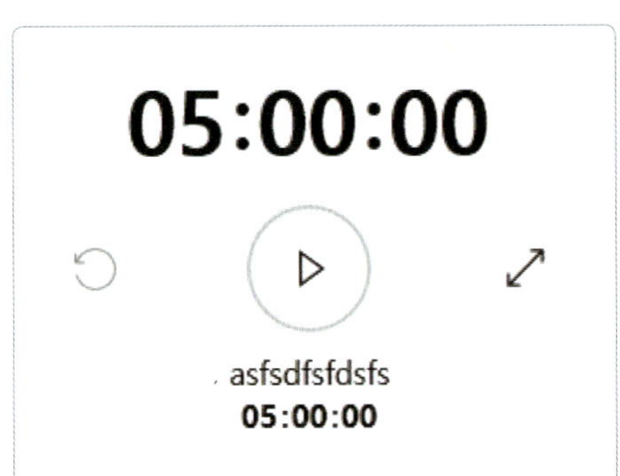

알씨를 설치한 후 재미있는 동영상 만들기

완성 작품 미리보기

📁 불러올 파일 : ALSee826, 곰, 악어, 얼룩말, 캥거루, 코뿔소, 사운드1　📗 완성된 파일 : 디지털 동물원

▶ [알씨] 앱을 설치해 봅시다.

▶ 간편만들기로 '동물원' 동영상을 만들어 봅시다.

▶ 상세꾸미기로 '동물원' 동영상을 편집해 봅시다.

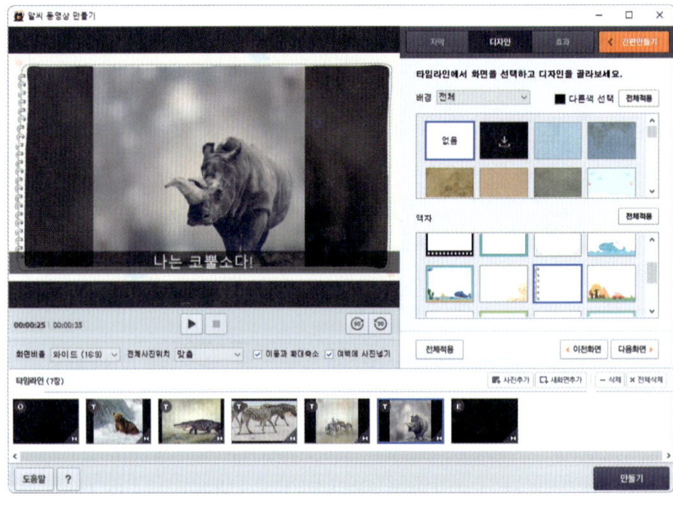

❶ 작업 표시줄에서 [파일 탐색기(📁)]를 클릭합니다. [파일 탐색기]가 실행되면 [소스 파일] –[불러올 파일]–[알씨] 폴더에 있는 ALSee826을 더블클릭합니다.

❷ [알씨 설치] 창이 나오면 〈동의〉–〈설치 시작〉을 클릭합니다.

　※ 설치 시작 화면에서 '스윙브라우저 추가 설치 체크 해제', '알툴바 추가 설치 체크 해제'

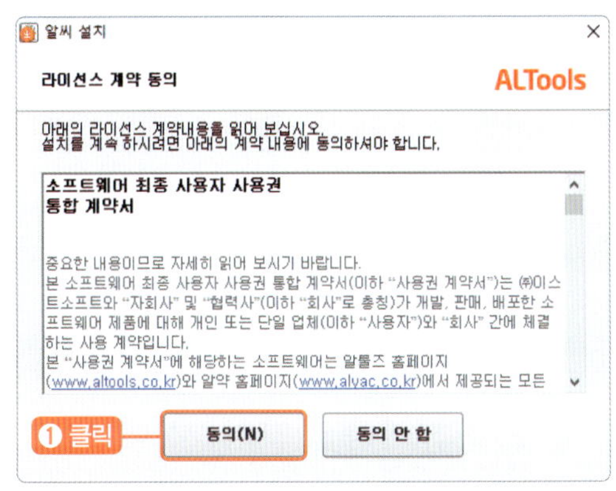

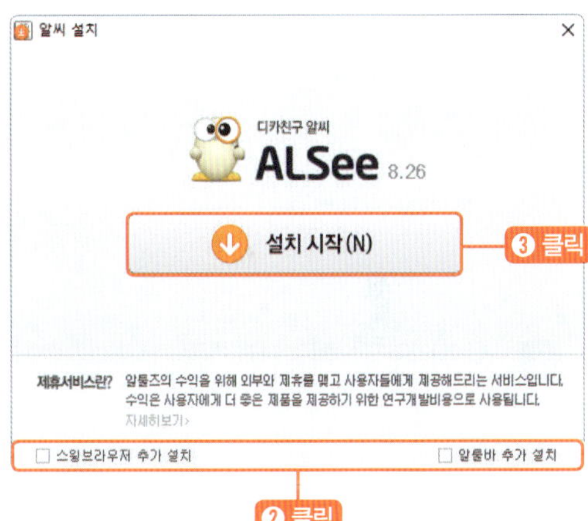

❸ [설치 방법 선택] 화면이 나오면 〈빠른 설치〉–〈확인〉을 클릭합니다.

　※ 설치 방법 화면에서 '쇼핑줌 – 제휴 서비스 추가 체크 해제', 'zum을 홈페이지로 체크 해제', '알캡처을(를) 설치 해 보시겠 습니까? 체크 해제'

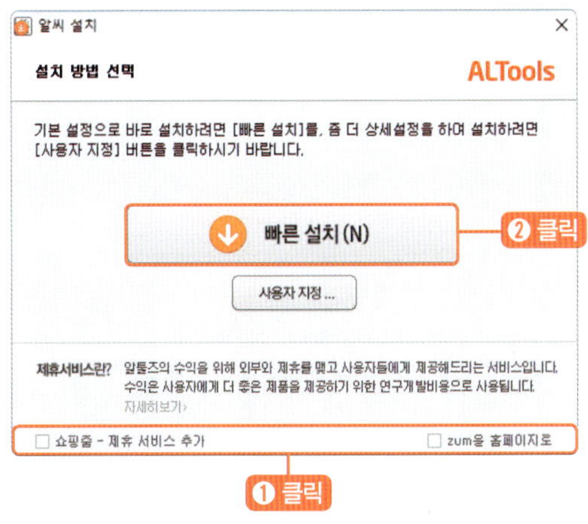

❶ [시작] 단추(■)를 클릭하여 맨 위쪽에 있는 [최근에 추가한 앱]에서 **[알씨 동영상 만들기]** 앱(■ 알씨 동영상 만들기)을 클릭하여 실행합니다.

  ※ 최근에 추가한 앱 목록에 [알씨 동영상 만들기] 앱이 없을 경우 시작 메뉴에서 [알씨 동영상 만들기]를 클릭하여 앱을 실행합니다.

❷ [알씨 동영상 만들기] 앱이 실행되면 ' ■+ 사진추가 '를 클릭합니다. [파일 열기] 창이 나오면 **[소스 파일]–[불러올 파일]–[알씨]–[동물원]** 폴더에 있는 모든 파일을 선택한 후 〈열기〉를 클릭합니다.

  ※ 동물원 폴더에서 **Ctrl** + **A** 키를 누르면 한 번에 모든 파일을 선택할 수 있습니다.

❸ 사진이 추가되면 '곰, 악어, 얼룩말, 캥거루, 코뿔소' 순으로 사진을 드래그하여 정리한 후 ② **배경음악을 골라보세요**의 ' + '를 클릭합니다. [열기] 창이 나오면 [동물원] 폴더에서 **사운드1**을 선택한 후 〈열기〉를 클릭합니다.

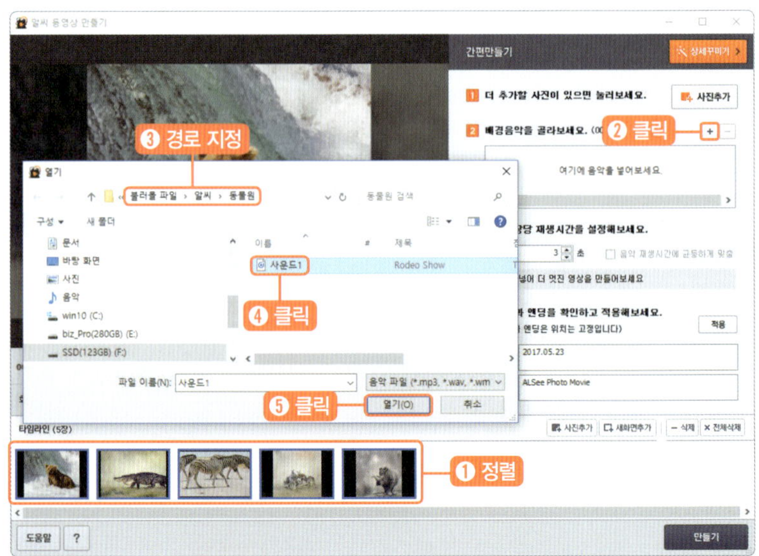

❹ 사운드가 추가되면 ③ **사진 1장당 재생시간을 설정**해보세요.를 5초로 변경한 후 ④ **오프닝과 엔딩을 확인하고 적용해 보세요.**를 아래와 같이 입력한 후 〈적용〉을 클릭합니다.

– 오프닝 : 디지털 동물원에 오신 것을 환영합니다. / 엔딩 : 만든이 : ○○○

※ 재생 버튼(▶)을 눌러 '간편 만들기'로 만든 동물원 동영상을 확인합니다.

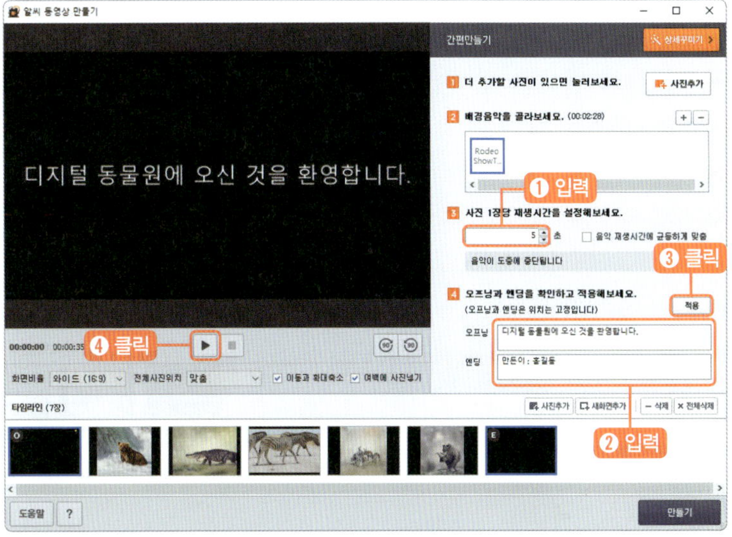

---

3 **상세꾸미기로 '동물원' 동영상을 편집해 봅시다.**

❶ 기본 동영상이 완성되면 '상세꾸미기'를 클릭합니다. **곰** 사진에서 [자막] 탭을 선택하여 아래와 같이 설정한 후 자막 입력 칸에 **멍때리는 곰~**을 입력한 다음 악어 사진을 클릭합니다.

– 맑은 고딕, 36, 글자색(흰색), 위치(가운데 아래쪽), 효과(클래식)

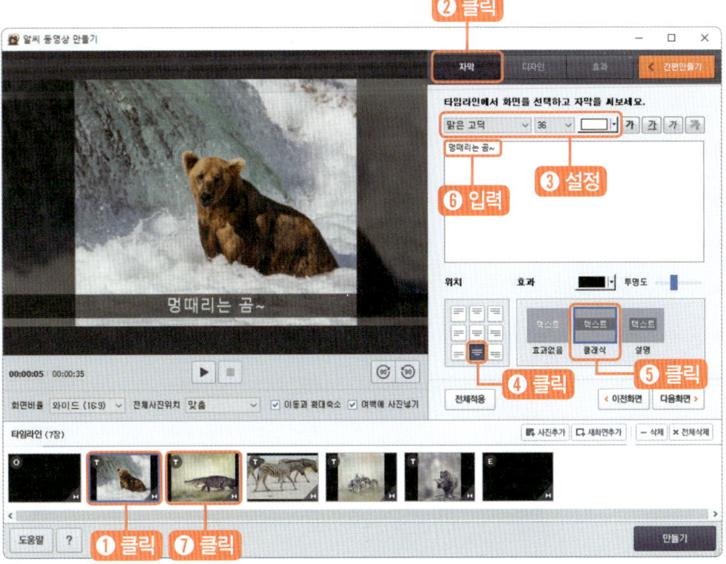

❷ 악어 사진이 선택되면 **무서운 악어!**로 내용을 입력한 후 나머지 '얼룩말, 캥거루, 코뿔소' 사진에 여러분이 원하는 내용을 입력합니다.

❸ 자막 입력이 끝나면 [**디자인**] 탭을 클릭하여 **액자** 항목에서 '▢'를 선택한 후 〈전체적용〉을 클릭합니다.

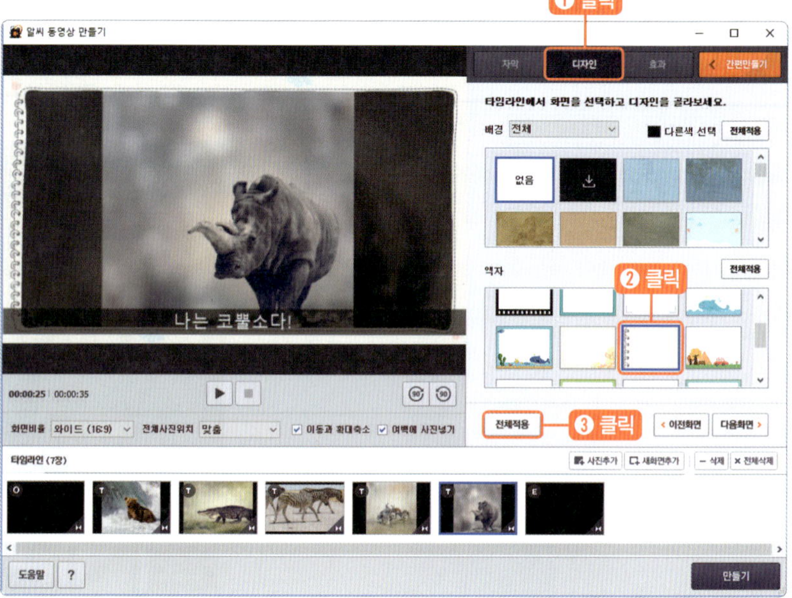

❹ 모든 작업이 끝나면 타임라인에서 첫 번째 '오프닝'을 선택하고 재생 버튼(▶)을 눌러 동영상을 확인한 후 '　만들기　'를 클릭합니다.

❺ [만들기] 창이 나오면 이름을 **디지털 동물원**으로 입력한 후 위치를 '바탕화면'으로 변경하여 '　만들기　'를 클릭합니다.
　※ 용도가 'PC & TV용' 인지 확인합니다.

❻ '디지털 동물원.mp4' 파일이 만들어지면 '　동영상열기　'을 클릭하여 완성된 동영상을 확인합니다.
　※ 배경음악이 있기 때문에 스피커를 연결하여 동영상을 확인합니다.

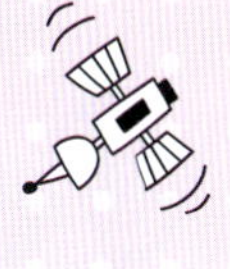

CHAPTER 15 혼자서 뚝딱 뚝딱!

뚝딱 1 [알씨 동영상 만들기] 앱의 간편만들기로 '먹방' 동영상을 만들어 봅시다.

📁 불러올 파일 : 라면1~라면5, 사운드2　💾 완성된 파일 : 서지니 먹방

① 사진추가 및 배경음악 : [소스 파일]–[불러올 파일]–[알씨]–[라면] 폴더

② 배경음악 : 사운드2, 재생시간 : 3초, '오프닝'과 '엔딩' : 여러분이 원하는 내용으로 만듦

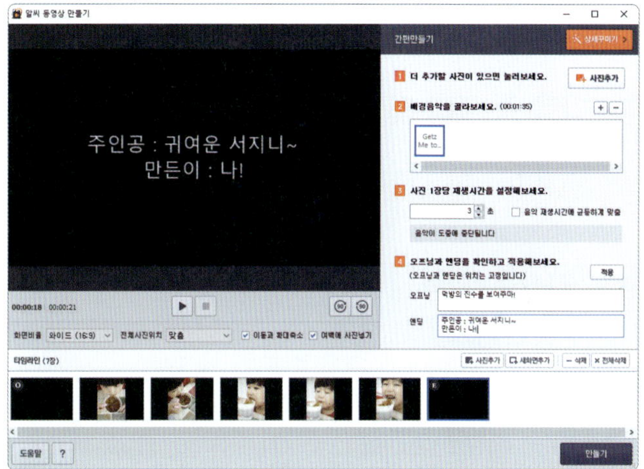

뚝딱 2 [알씨 동영상 만들기] 앱의 상세꾸미기로 '먹방' 동영상을 편집해 봅시다.

📁 불러올 파일 : 없음　💾 완성된 파일 : 서지니 먹방

① **자막** : 자장 라면을 먹고 있는 사진에 원하는 자막 넣기

② **디자인** : 액자에서 원하는 액자를 선택한 후 〈전체적용〉

③ **만들기** : 바탕화면에 동영상 파일을 저장한 후 완성된 동영상 확인

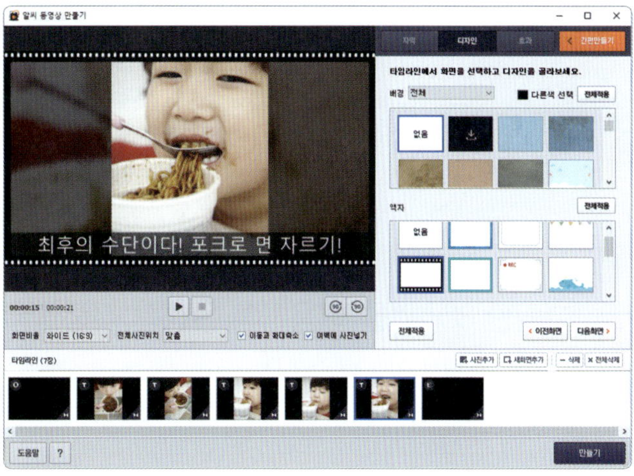

01 다음 중 파일을 이동하는 방법으로 올바르지 않은 것은 무엇인가요?

① 이동할 파일을 선택한 후 **Ctrl** + **V** 키를 눌러 잘라낸다.
② 이동할 파일을 선택한 후 마우스 오른쪽 버튼을 눌러 [잘라내기]를 클릭한다.
③ 이동할 파일을 선택한 후 이동할 폴더로 드래그한다.
④ 이동할 파일을 선택한 후 리본 메뉴에서 [잘라내기] 도구를 클릭한다.

02 다음 중 폴더 및 파일의 이름을 변경하기 위한 바로 가기 키는 무엇인가요?

① **F1**　　　　② **F2**　　　　③ **F3**　　　　④ **F4**

03 파일 또는 폴더를 삭제할 때 휴지통에서 복구하지 못하도록 삭제하는 방법으로 옳은 것은 무엇인가요?

① 파일 또는 폴더를 선택한 후 [구성] 그룹에서 '✖'를 클릭한다.
② 파일 또는 폴더를 선택한 후 **Delete** 키를 누른다.
③ 파일 또는 폴더를 휴지통으로 드래그한다.
④ 파일 또는 폴더를 선택한 후 **Shift** + **Delete** 키를 누른다.

04 바탕화면에 새로운 폴더(폴더명 : 임시 폴더)를 만들어 삭제(🗑)한 후 복원시켜 보세요.

05 [날씨] 앱을 이용하여 현재 서귀포 날씨의 정보(예:23°, 대체로 흐림)를 확인한 후 적어보세요.

06 [날씨] 앱을 이용하여 서울 지역의 과거 날씨를 확인한 후 '7월' 역대 최고 기온을 적어보세요.

07 [그림판 3D] 앱을 이용하여 완성된 작품을 확인할 때 해당 작품을 3D로 볼 수 있는 도구는 무엇인가요?

① 👁　　　　② ✏　　　　③ 🔖　　　　④ ◉

08 [알람 및 시계] 앱을 이용하여 현재 러시아 모스코바의 시간을 확인하여 적어보세요.

09 [지도] 앱을 이용하여 3D 도시 중 하나인 로마를 검색하여 '콜로세움' 및 주변 환경을 확인하세요.

10 도라에몽 아이콘을 만든 후 아이콘 모양을 변경해 보세요.

> ▶ [시작] 단추()를 클릭하여 [FX Icon 32] 앱을 클릭하여 실행합니다.
> ▶ 바탕화면에 '도라에몽' 폴더를 만든 후 아이콘 모양을 변경합니다.

CHAPTER 17

[사진] 앱으로 이미지(사진) 파일 관리하기

완성 작품 미리보기

📁 불러올 파일 : [파일 탐색기 예제] 폴더　　💾 완성된 파일 : 없음

▶ [사진] 앱으로 관리할 폴더를 추가한 후 [슬라이드 쇼]를 실행해 봅시다.

▶ 사진들을 앨범으로 만들어서 관리해 봅시다.

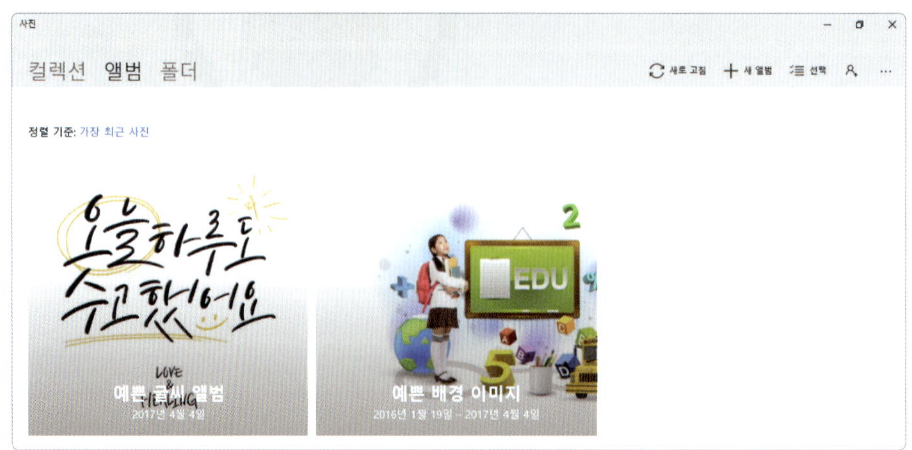

 **1** [컬렉션]에 추가할 폴더를 지정한 후 [슬라이드 쇼]를 실행해 봅시다.

❶ [시작] 단추(⊞)를 클릭한 후 [사진] 앱을 클릭합니다.

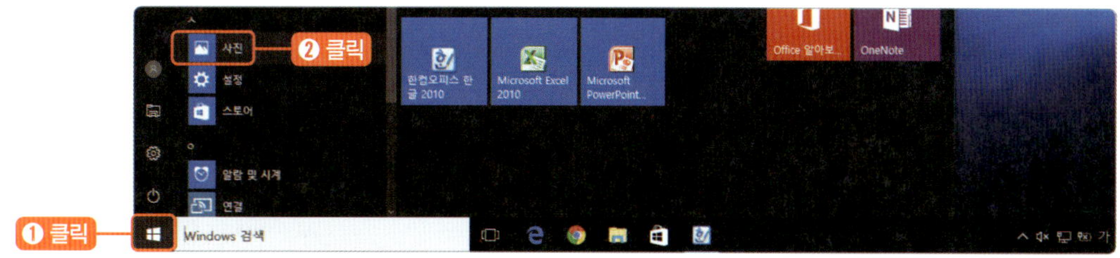

❷ [사진] 앱이 실행되면 **찾을 위치를 알려주세요**를 클릭한 후 〈더 찾아보기〉를 클릭합니다.
※ 만약 아래 이미지(찾을 위치 설정 화면)와 같은 화면이 나오지 않고 컬렉션에 이미지가 바로 나올 경우에는 100 페이지에 있는 'Tip 폴더 삭제'를 참고 작업하세요.

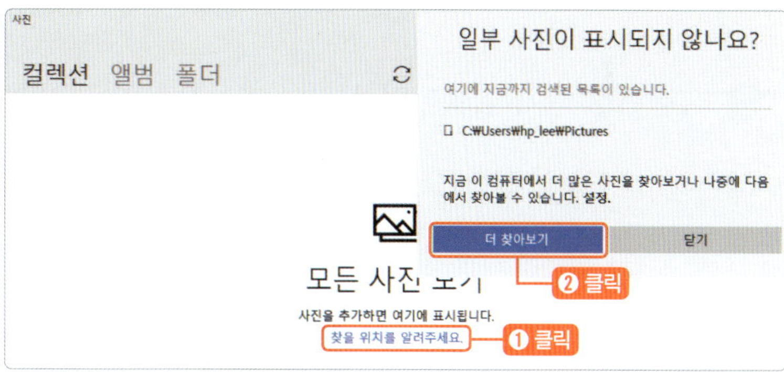

❸ [폴더 선택] 창이 나오면 [소스 파일]-[불러올 파일]-[파일 탐색기 예제] 폴더를 선택한 후 〈이 폴더를 사진에 추가〉를 클릭합니다. 폴더가 추가되면 〈닫기〉를 클릭합니다.

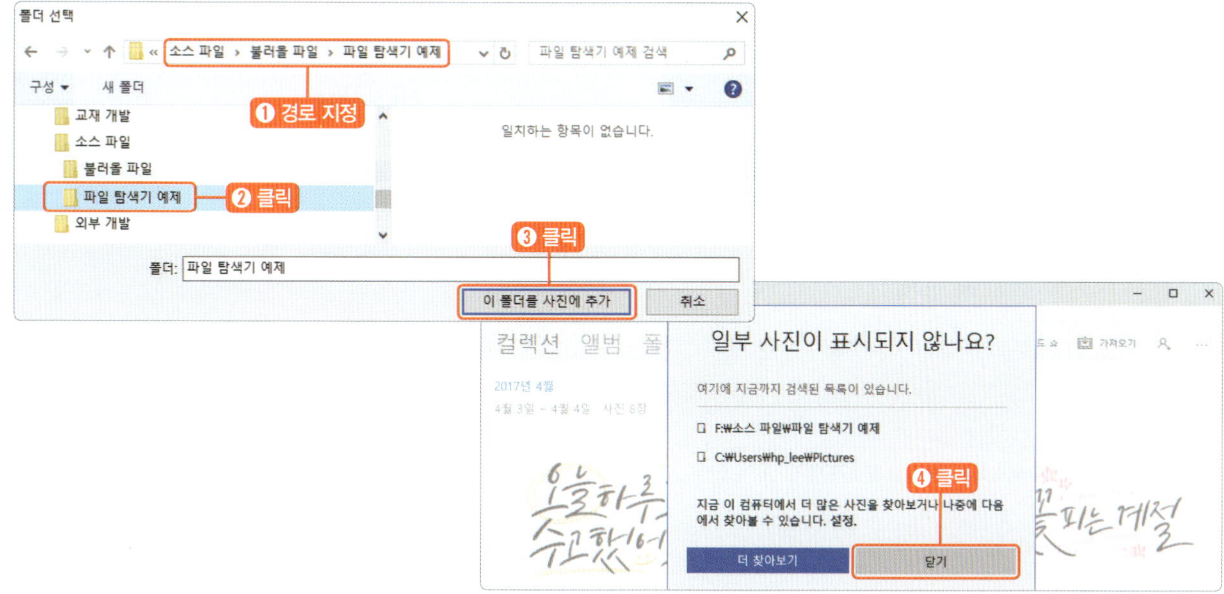

④ 폴더가 추가되어 이미지가 나오면 오른쪽 스크롤바를 아래쪽으로 내려서 월별로 구분된 사진들을 확인합니다. 사진 확인이 끝나면 오른쪽 위에 있는 [슬라이드 쇼]를 클릭합니다.

⑤ 슬라이드 쇼가 실행되면 사진이 자동으로 바뀌기 때문에 멋진 효과를 연출할 수 있습니다.

Tip

폴더 삭제

❶ 화면 오른쪽 위에 있는 [자세히 보기(...)]를 클릭하여 [설정]을 선택합니다.

❷ [설정] 창으로 화면이 전환되면 '소스' 항목에서 삭제할 폴더의 ' × '를 클릭합니다.

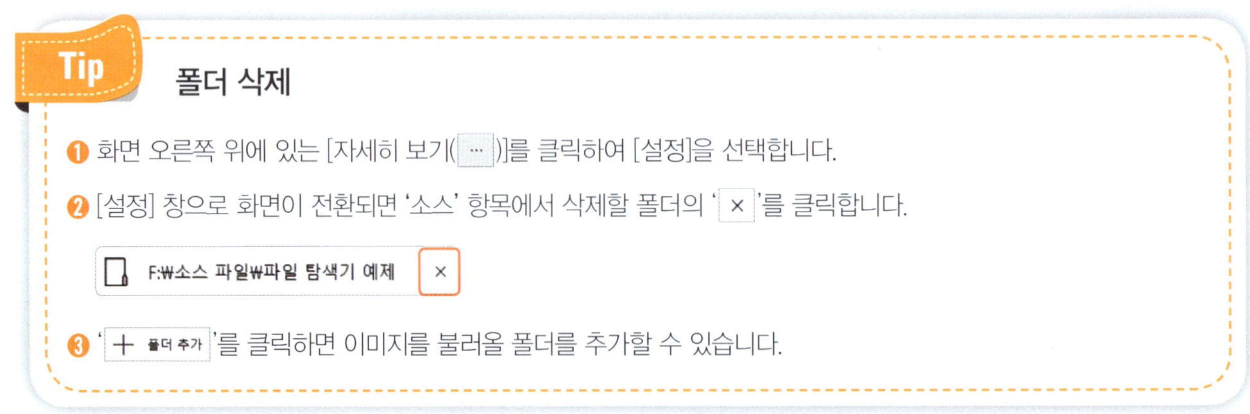

❸ ' + 폴더 추가 '를 클릭하면 이미지를 불러올 폴더를 추가할 수 있습니다.

❶ [사진] 앱에서 왼쪽 위에 있는 **[앨범]**을 클릭합니다. [앨범]으로 화면이 전환되면 오른쪽 위에 있는 ' + 새 앨범 '을 클릭합니다.

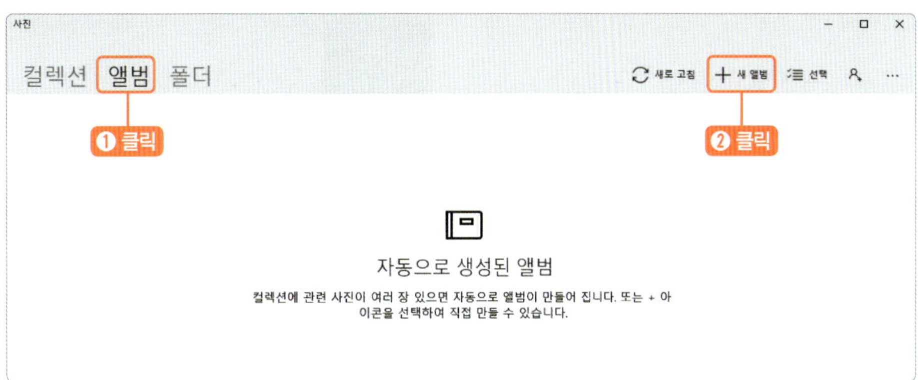

❷ [이 앨범에 넣을 사진 선택]으로 화면이 전환되면 **앨범을 만들 사진들을 선택**한 후 ' ✓ 완료 '를 클릭합니다.

❸ 선택된 사진으로 앨범이 만들어지면 **앨범 제목**을 입력한 후 ' 저장 '을 클릭합니다. 이어서, ' ← ' 단추를 눌러 [앨범] 메인 화면 이동하면 완성된 앨범을 확인합니다.

❶ [앨범] 화면에서 [컬렉션]을 클릭한 후 오른쪽 위에 있는 '선택'을 클릭합니다. 이어서, 특정
이미지를 선택하여 '복사' 한 후 바탕화면에 붙여넣기를 합니다.

❷ 선택된 이미지를 삭제 '삭제'한 후 [휴지통]에서 복원합니다.

❸ 글자 모양이 아닌 다른 이미지들을 선택한 후 '앨범에 추가'를 클릭하여 새로운 앨범을 만듭니다.

뚝딱 1 [파일 탐색기]를 이용하여 [사진] 앱을 실행해 봅시다.

📁 불러올 파일 : 없음   💾 완성된 파일 : 없음

① [파일 탐색기]를 실행한 후 [소스 파일] – [불러올 파일] – [파일 탐색기 예제] 폴더에서 특정 파일을 선택합니다.

② [홈] – [열기] 그룹에서 [열기] 명령 단추 옆의 '▾'를 클릭하여 [사진] 앱을 선택합니다.

※ [사진] 앱이 아닌 [그림판] 앱으로 해당 파일을 열 수도 있으며, 이미지 파일을 열 때 기본 앱을 [사진] 앱이 아닌 [그림판] 앱으로 변경도 가능합니다.

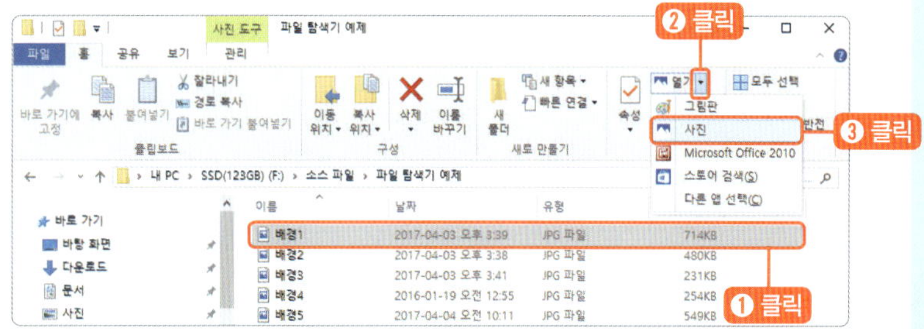

뚝딱 2 [영화 및 TV]와 [Groove] 앱을 이용하여 '동영상' 및 '음악' 파일을 실행해 보세요.

📁 불러올 파일 : [음악 및 동영상] 폴더   💾 완성된 파일 : 없음

① [소스 파일] – [불러올 파일] – [음악 및 동영상] 폴더에서 '동영상1.mp4'와 '동영상2.mp4' 더블 클릭하여 [영화 및 TV] 앱으로 동영상을 시청합니다.

② [음악 및 동영상] 폴더에서 '사운드1.mp3'와 '사운드2.mp3'를 더블 클릭하여 [Groove] 앱으로 음악을 들어봅니다.

※ [영화 및 TV]와 [Groove] 앱이 기본 앱으로 지정되어 있지 않을 경우 [시작] 메뉴에서 해당 앱을 찾아서 실행한 후 파일을 불러옵니다.

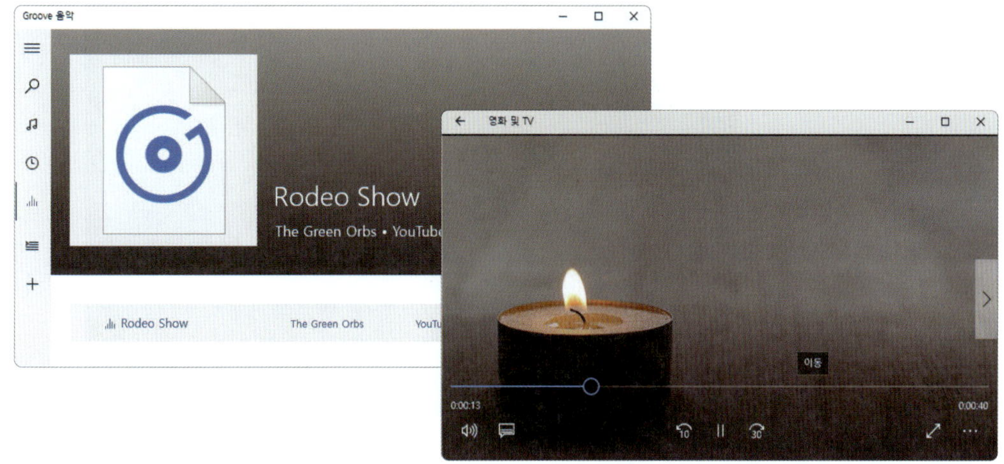

CHAPTER 18

[사진] 앱으로 이미지(사진) 편집하기

완성 작품 미리보기

📁 불러올 파일 : 없음   📗 완성된 파일 : 없음

▶ [그리기] 도구(✎ 그리기)를 이용하여 사진에 글자를 적어봅시다.

▶ [편집] 도구(🖼 편집)를 이용하여 사진을 꾸며봅시다.

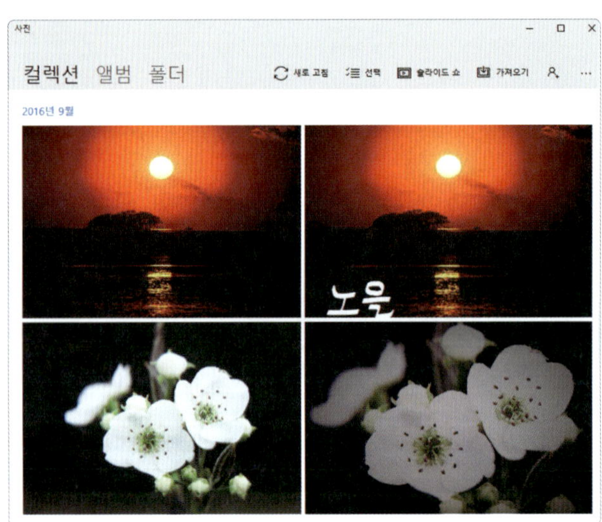

 [그리기] 도구()를 이용하여 사진에 글자를 적어봅시다.

❶ [시작] 단추(■)를 클릭한 후 **[사진]** 앱을 선택합니다. [사진] 앱이 실행되면 [컬렉션]에서 **노을** 사진을 클릭합니다.

❷ 선택한 '노을' 사진이 편집 화면으로 나오면 여러 가지 도구를 이용하여 꾸밀 수 있습니다.

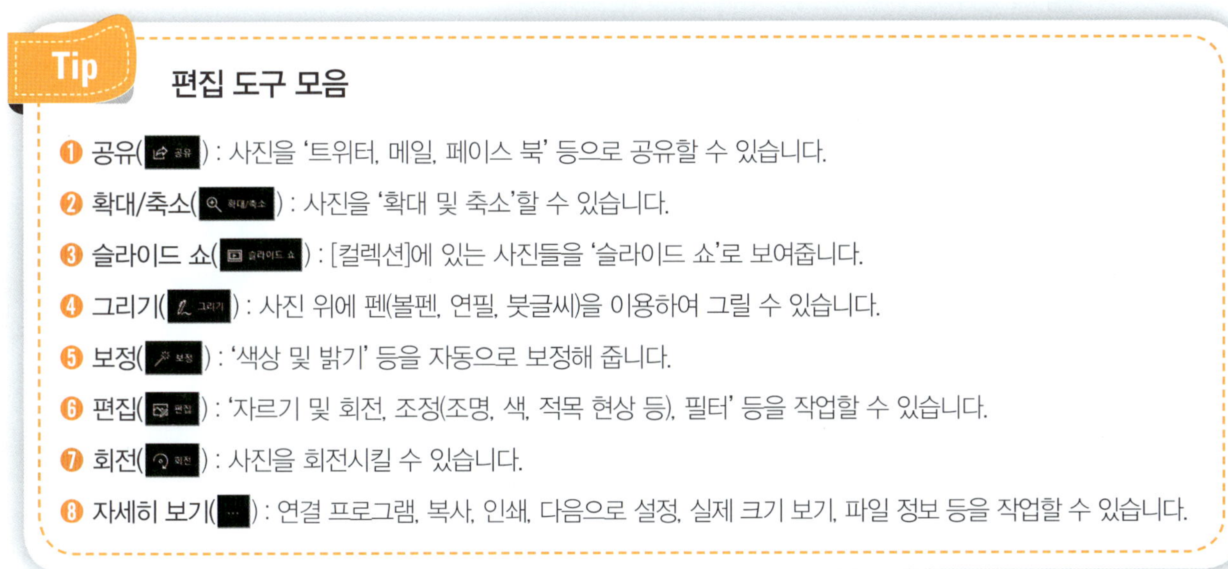

Tip

편집 도구 모음

❶ **공유(** 공유 **)** : 사진을 '트위터, 메일, 페이스 북' 등으로 공유할 수 있습니다.

❷ **확대/축소(** 확대/축소 **)** : 사진을 '확대 및 축소'할 수 있습니다.

❸ **슬라이드 쇼(** 슬라이드 쇼 **)** : [컬렉션]에 있는 사진들을 '슬라이드 쇼'로 보여줍니다.

❹ **그리기(** 그리기 **)** : 사진 위에 펜(볼펜, 연필, 붓글씨)을 이용하여 그릴 수 있습니다.

❺ **보정(** 보정 **)** : '색상 및 밝기' 등을 자동으로 보정해 줍니다.

❻ **편집(** 편집 **)** : '자르기 및 회전, 조정(조명, 색, 적목 현상 등), 필터' 등을 작업할 수 있습니다.

❼ **회전(** 회전 **)** : 사진을 회전시킬 수 있습니다.

❽ **자세히 보기(** ■ **)** : 연결 프로그램, 복사, 인쇄, 다음으로 설정, 실제 크기 보기, 파일 정보 등을 작업할 수 있습니다.

❸ 도구 모음 중에서 [그리기()]를 선택한 후 [붓글씨 펜( )]을 이용하여 사진 아래쪽에 마우스로 드래그하여 **노을**이라고 적습니다.

※ [붓글씨 펜]을 클릭한 후 다시 한 번 클릭하면 '색'과 '크기'를 설정할 수 있습니다.

Tip [지우개( )] 도구 모음

[지우개( )] 도구 모음을 선택한 후 마우스 왼쪽 버튼을 누른 채 삭제할 부분으로 마우스 포인터를 이동시키면 펜으로 그린 부분이 삭제됩니다. 만약, 펜으로 그린 모든 부분을 한 번에 삭제할 경우에는 [지우개( )] 도구모음을 다시 한 번 선택한 후 [모든 잉크 지우기]를 클릭합니다.

❹ [복사본 저장( )]을 클릭하여 글자가 입력된 노을 사진을 저장합니다. 사본 파일이 만들어지면 ' '를 눌러 [컬렉션]으로 되돌아가 '노을'이 입력된 사진을 확인한 후 **꽃 사진**을 클릭합니다.

※ [취소( )]를 클릭하면 해당 사진을 저장하지 않고 빠져나갑니다.

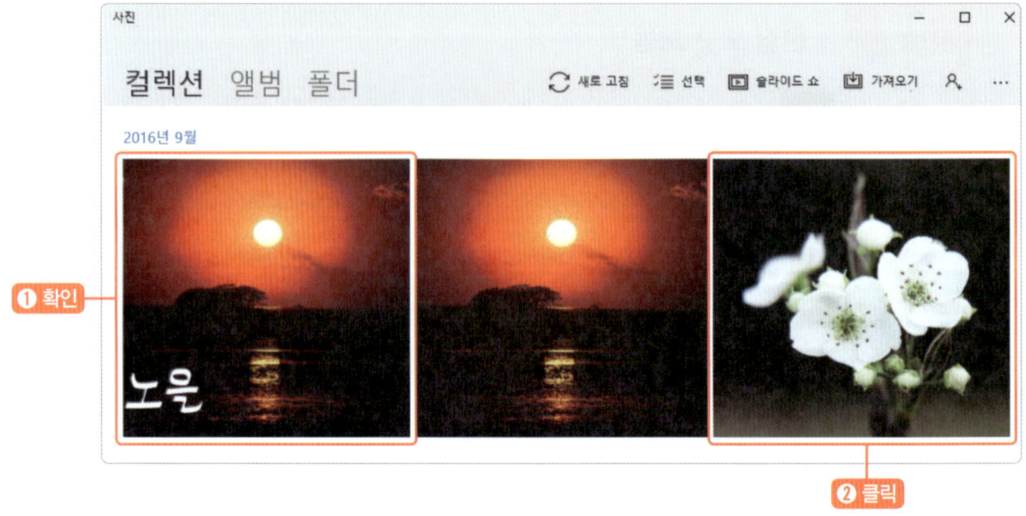

❶ '꽃' 사진에서 [편집(편집)]을 클릭합니다. 사진 편집 화면으로 전환되면 [**조정**]을 클릭하여 '조명, 색, 명확도, 가장자리 어둡게'를 자유롭게 설정하여 어떻게 변하는지 확인한 후 ⟨**모두 실행 취소**⟩를 클릭합니다. 이어서, [**자동 보정**]을 클릭합니다.

※ [적목 현상]은 사진에서 눈이 빨갛게 나온 것을 제거할 때 사용하며, [즉석 수정]은 사진에서 얼굴의 기미나 잡티 등을 제거할 때 사용합니다.

❷ [자동보정]으로 화면이 전환되면 '사진 자동 보정' 및 '필터 선택'을 원하는 형태로 설정한 후 [**자르기 및 회전**]을 클릭합니다.

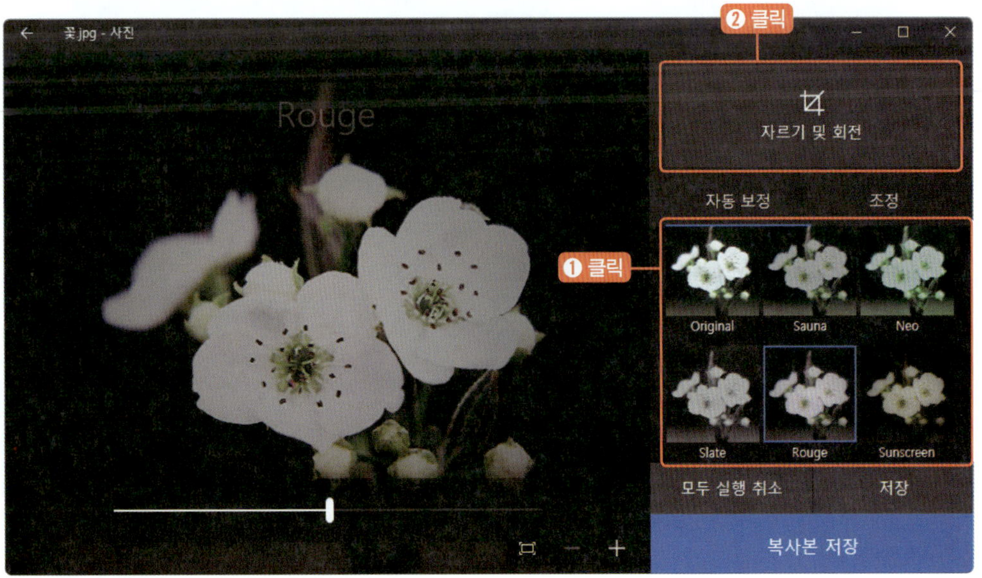

❸ 사각형 조절 박스를 드래그하여 **꽃의 크기에 맞게 크기를 조절**한 후 '✓완료'를 클릭합니다.

※ 크기 조절이 잘못되었을 경우에는 '↻다시 설정'을 클릭하여 원하는 크기로 조절합니다.

❹ 모든 편집 작업이 끝나면 [복사본 저장]을 클릭합니다. 사본 파일이 만들어지면 '←'를 눌러 [컬렉션]으로 되돌아가 편집된 '꽃' 사진을 확인합니다.

※ [저장]을 클릭하면 원본 파일에 적용되며, [모두 실행 취소]를 클릭하면 작업한 모든 내용을 취소합니다.

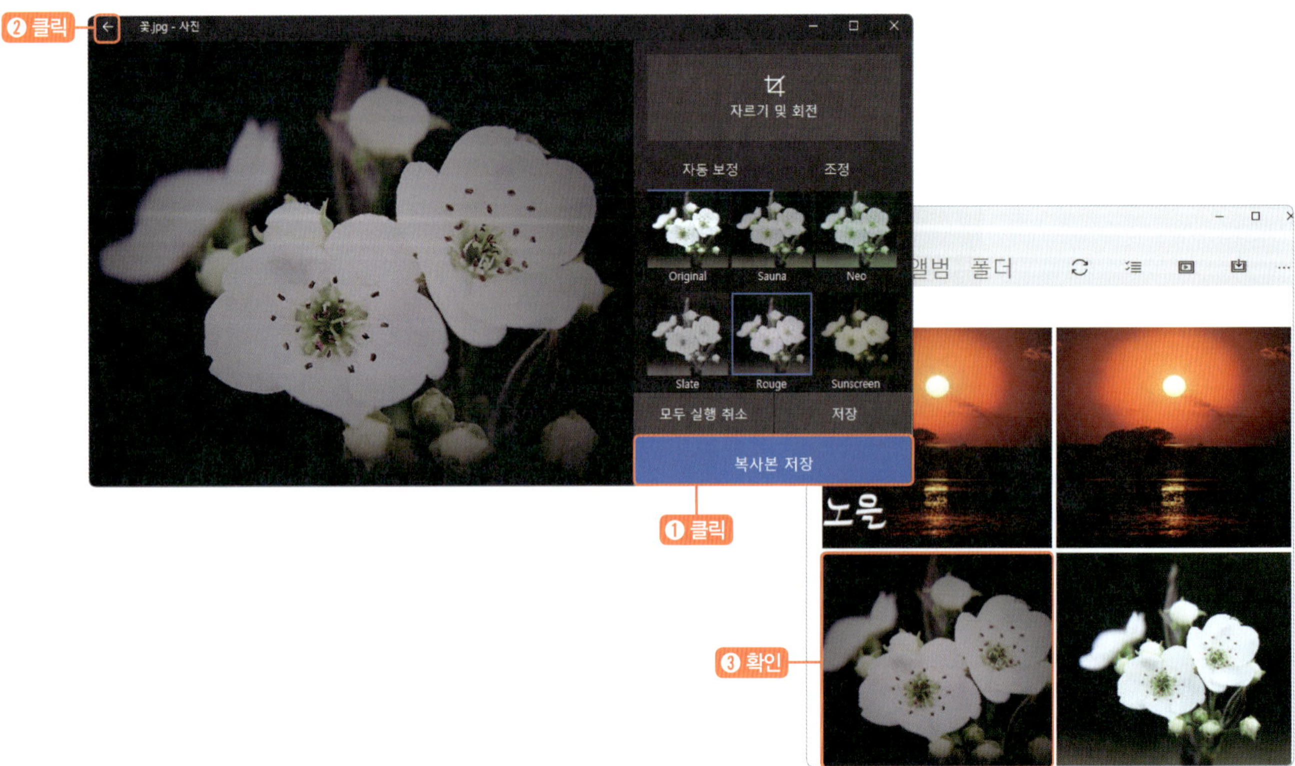

혼자서 뚝딱 뚝딱!

 **[사진] 앱으로 이미지를 불러와 인쇄를 해 보세요.**

📁 불러올 파일 : 없음　💾 완성된 파일 : 없음

① [사진] 앱에서 특정 이미지를 클릭합니다. 도구 모음에서 [자세히 보기(⋯)]를 클릭한 후 [인쇄]를 클릭합니다.

② [인쇄] 창이 나오면 인쇄 환경을 설정한 후 〈인쇄〉를 클릭합니다.

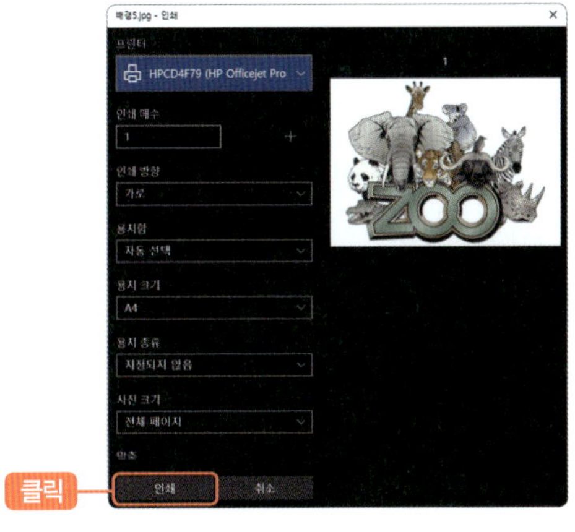

 **[사진] 앱으로 이미지를 불러와 '잠금 화면'으로 설정해 보세요.**

📁 불러올 파일 : 없음　💾 완성된 파일 : 없음

① [사진] 앱에서 특정 이미지를 클릭합니다. 도구 모음에서 [자세히 보기(⋯)]를 클릭한 후 [다음으로 설정]–[잠금 화면으로 설정]을 클릭합니다.

② 윈도우 키(⊞)+L 키를 눌러 변경된 잠금 화면을 확인합니다.

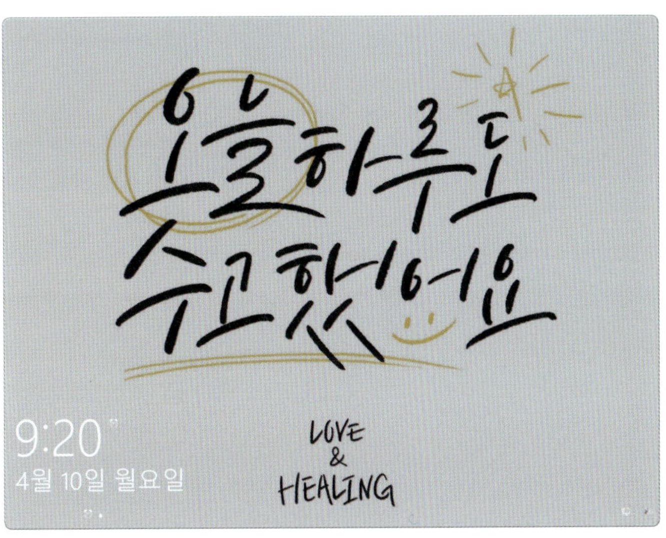

CHAPTER 19

[Windows 설정] 중 [시스템] 및 [장치] 설정의 주요 기능

완성 작품 미리보기

📁 불러올 파일 : 없음   📗 완성된 파일 : 없음

▶ [디스플레이]에서 '야간 모드, 해상도, 방향' 등을 설정해 봅시다.

▶ [알림 및 작업]에서 [알림 센터]에 표시할 바로 가기를 추가 또는 제거해 봅시다.

▶ [프린터 및 스캐너]에서 프린터 또는 스캐너를 추가하거나 관리해 봅시다.

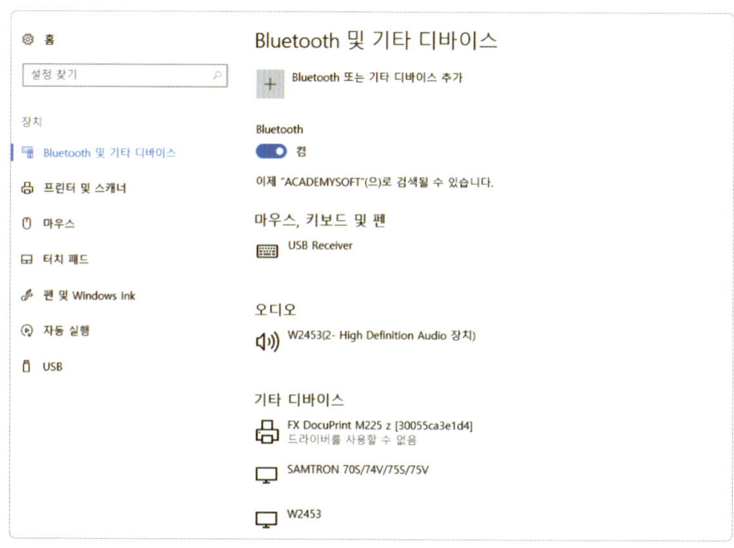

[Windows 설정]을 실행해 봅시다.

❶ [시작] 단추(■)를 클릭하여 **설정(⚙)**을 선택하거나, [알림 센터]에서 **모든 설정()**을 클릭합니다.

❷ [Windows 설정] 창이 나오면 [시스템], [장치], [네트워크 및 인터넷], [개인 설정], [앱], [계정], [시간 및 언어], [게임], [접근성], [개인 정보], [업데이트 및 복구] 중에서 원하는 구성 요소를 선택하여 시스템 환경에 맞게 설정합니다.

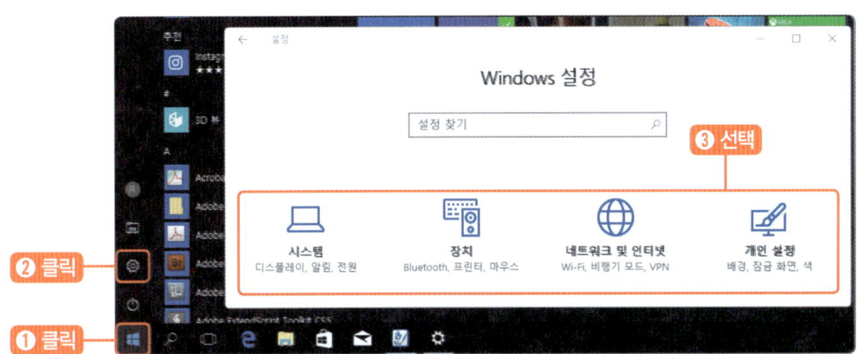

2 **[시스템] – [디스플레이]에서 자주 사용하는 기능들을 설정해 봅시다.**

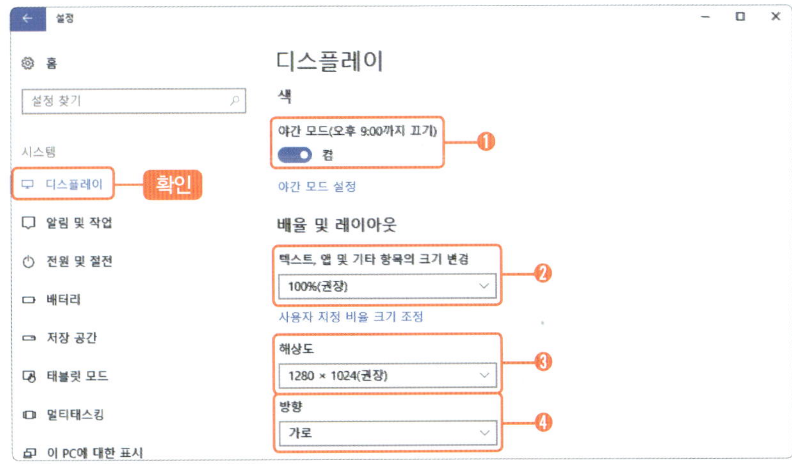

❶ **야간 모드** : 눈의 피로를 덜어주기 위해 블루라이트를 제거하여 화면을 출력해 주는 기능으로 **야간에 컴퓨터를 이용하여 작업할 때 유용**한 기능입니다. '야간 모드 설정'을 클릭하면 야간 모드 기능을 '켜고' '끄는' 시간까지 설정할 수 있습니다.

※ [알림 센터]에서 야간 모드()를 클릭하면 바로 화면이 야간 모드로 전환됩니다.

❷ **텍스트, 앱 및 기타 항목의 크기 변경** : 100%를 기준으로 **텍스트 및 앱 등을 크게 확대**할 수 있습니다. 시력이 좋지 않아서 크게 보고 싶을 경우 유용하게 사용할 수 있습니다.

❸ **해상도** : 현재 사용 중인 모니터의 **해상도를 변경**할 수 있습니다.

❹ **방향** : 가로, 세로, 가로(대칭 이동), 세로(대칭 이동)으로 **화면 방향을 변경**할 수 있습니다.

> **Tip**
>
> **다중 디스플레이**
>
> ❶ 모니터를 2개 사용하거나 빔 프로젝트에 연결하여 사용하는 경우 아래와 같이 디스플레이를 선택할 수 있도록 나옵니다.
>
> ❷ [알림 센터]에서 [다른 화면에 표시(다른 화면에 표시)]을 클릭하거나, 윈도우 키(⊞)+P 키를 누르면 화면 오른쪽에서 'PC 화면만', '복제', '확장', '두 번째 화면만'으로 메뉴가 나오는데 이 중 하나를 선택하여 다중 디스플레이를 설정할 수 있습니다.
>
>

3 **[시스템] – [알림 및 작업]에서 자주 사용하는 기능들을 설정해 봅시다.**

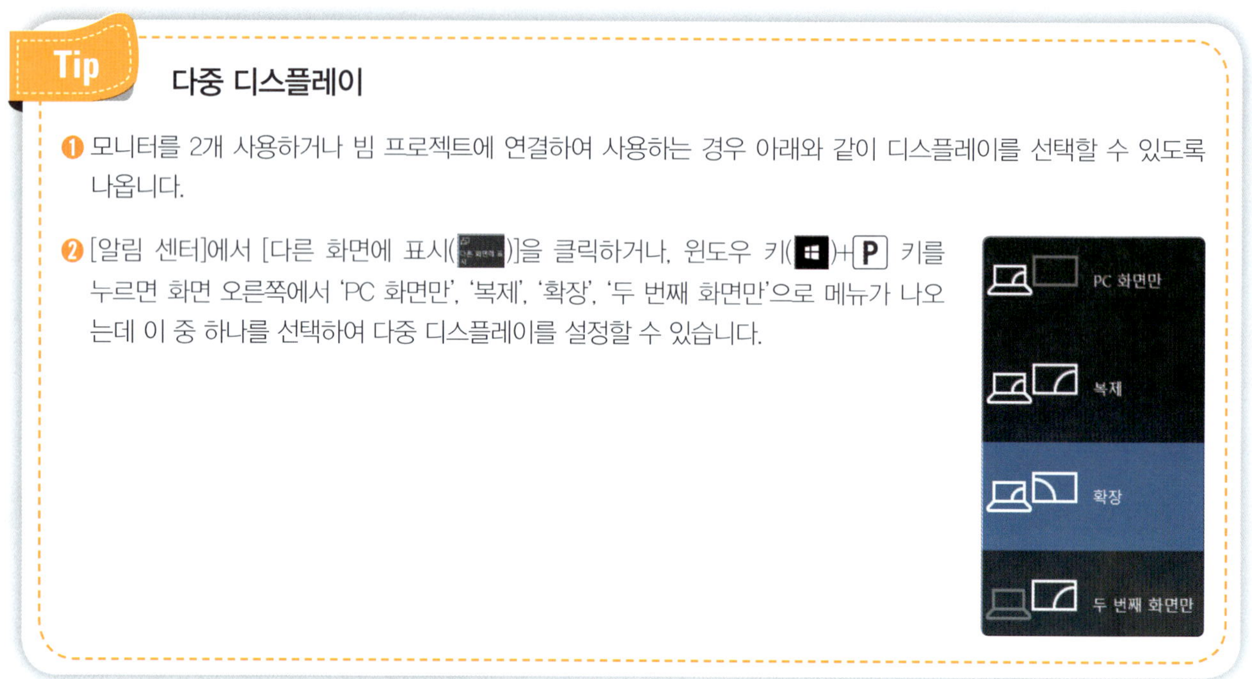

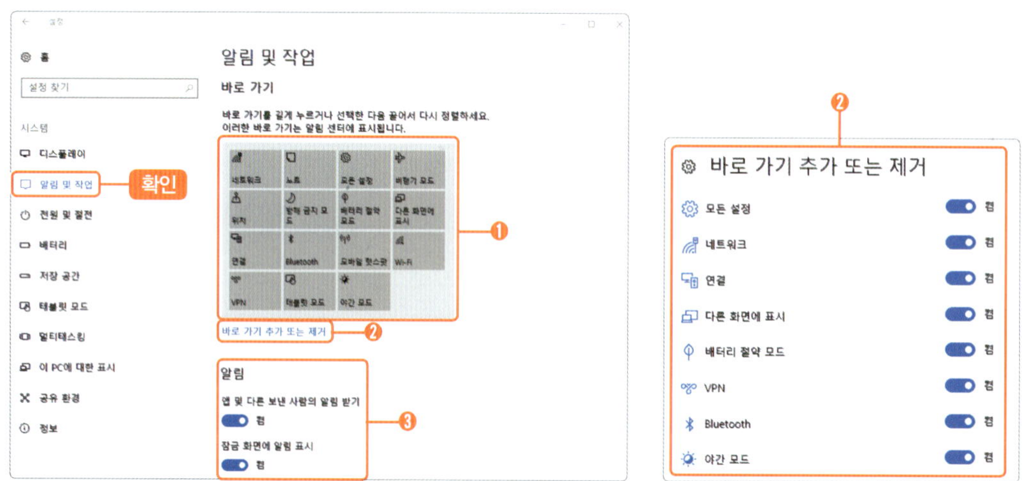

❶ **바로 가기** : 타일 형태로 구성된 바로 가기는 [알림 센터]를 클릭했을 때 보이는 형태입니다. 만약 정렬 위치를 변경하고자 한다면 바로 가기를 선택한 후 원하는 위치로 끌어다 놓습니다.

❷ 바로 가기 추가 또는 제거 : [알림 센터]에 표시되는 **바로 가기를 추가하거나 제거**할 수 있습니다. [바로 가기 추가 또는 제거] 창에서 바로 가기를 '켬'으로 설정하면 [알림 센터]에 보이고, '끔'으로 설정하면 보이지 않습니다.

※ 바로 가기 추가 또는 제거를 설정한 후 [이전] 단추(←)를 클릭합니다.

❸ 알림 : [알림 센터]에 여러 가지 정보(앱 정보, 윈도우 팁, 다른 사람이 보낸 정보 등)를 받을 수 있도록 설정할 수 있습니다.

4 [시스템] – [전원 및 절전]에서 자주 사용하는 기능들을 설정해 봅시다.

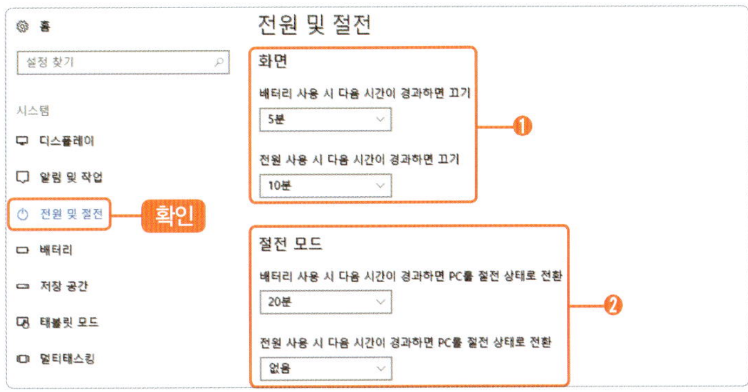

❶ 화면 : 지정한 시간 동안 사용자가 아무 작업을 하지 않을 경우 화면이 자동으로 꺼집니다.

❷ 절전 모드 : 지정한 시간 동안 사용자가 아무 작업을 하지 않을 경우 시스템이 자동으로 절전 모드로 변경됩니다. 절전 모드는 사용자가 작업하고 있던 환경 그대로를 보존한 상태에서 주변 장치의 전원을 끄며, 키보드 또는 마우스를 조작하면 다시 켜집니다.

※ [전원 및 절전]은 '노트북'과 '데스크톱 PC'에 맞추어 설정할 수 있습니다.

5 [장치] – [프린터 및 스캐너]에서 자주 사용하는 기능들을 설정해 봅시다.

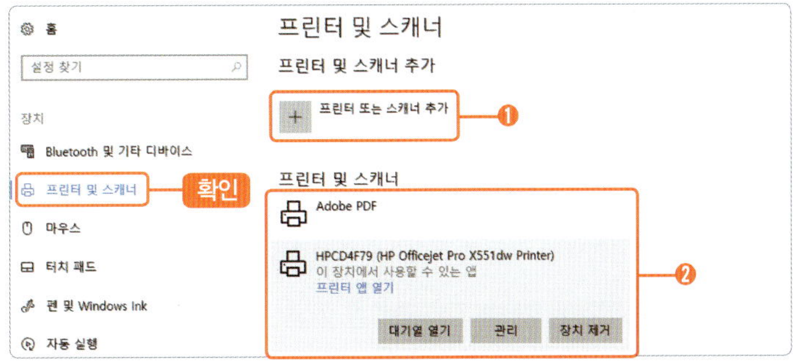

❶ 프린터 또는 스캐너 추가 : 프린터 또는 스캐너를 추가하는 기능으로 컴퓨터에 연결된 장치가 검색되어 나오면 해당 장치를 선택하여 추가한 후 연결합니다.

❷ 프린터 및 스캐너 : 현재 컴퓨터에 연결된 프린터 및 스캐너 목록이 나오며, 해당 장치를 클릭하면 [대기열 열기], [관리], [장치 제거]를 이용하여 세부적인 작업을 할 수 있습니다.
  – 대기열 열기 : 인쇄 대기 중인 목록을 관리할 수 있습니다.
  – 관리 : 인쇄 세부 사항(프린터 속성, 인쇄 기본 설정 등)을 설정할 수 있습니다.
  – 장치 제거 : 해당 장치를 더 이상 사용하지 못하도록 제거합니다.

6 [장치] – [마우스]에서 자주 사용하는 기능들을 설정해 봅시다.

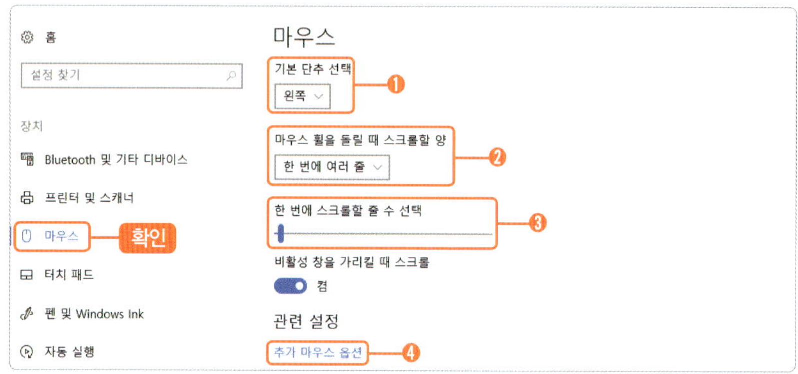

❶ 기본 단추 선택 : 사용하는 손에 따라서 기본 단추의 위치(왼쪽/오른쪽)를 바꿀 수 있습니다.

❷ 마우스 휠을 돌릴 때 스크롤할 양 : 마우스 휠을 위/아래로 돌릴 때 스크롤 되는 양을 '한번에 여러 줄'과 '한 번에 한 화면씩'으로 설정할 수 있습니다.

❸ 한 번에 스크롤할 줄 수 선택 : ②번 항목을 '한 번에 여러 줄'로 설정하였을 경우 스크롤 되는 줄의 수(0~100)를 선택할 수 있습니다.(기본값은 3)

❹ 추가 마우스 옵션 : 마우스 속성(단추, 포인터, 포인터 옵션 등)을 세부적으로 설정할 수 있습니다.

> **Tip** 추가 마우스 옵션
>
> ❶ [단추] : 기본 단추의 위치(왼쪽/오른쪽) 변경, 두 번 클릭 속도 변경 등
>
> ❷ [포인터] : 마우스 포인터의 크기 변경, 마우스 포인터의 색상을 검정으로 변경 등
>
> ❸ [포인터 옵션] : 포인터의 움직이는 속도 변경, 포인터 자국 표시 설정 등
>
> ❹ [휠] : 마우스 휠을 위/아래로 돌릴 때 '한 번에 스크롤할 줄의 수'와 '한 번에 한 화면씩'으로 설정

 **뚝딱 1**　[시스템] 및 [장치] 설정 중에서 관련이 있는 것들 끼리 선으로 연결하세요.

📁 불러올 파일 : 없음　💾 완성된 파일 : 없음

디스플레이 ●	● 바로 가기 정렬, 바로 가기 추가 또는 제거, 알림 센터
알림 및 작업 ●	● 프린터 및 스캐너 추가, 프린터 속성, 인쇄 기본 설정
전원 및 절전 ●	● 야간 모드, 해상도, 텍스트 크기 변경 화면 방향
프린터 및 스캐너 ●	● 기본 단추 선택, 한 번에 여러 줄, 한 번에 한 화면씩
마우스 ●	● 일정 시간이 되면 화면 끄기 일정 시간이 되면 절전 모드로 전환

 **뚝딱 2**　[시스템] 설정의 [정보]를 이용하여 현재 사용하고 있는 컴퓨터의 사양과 윈도우10 버전 정보를 확인해 보세요.

📁 불러올 파일 : 없음　💾 완성된 파일 : 없음

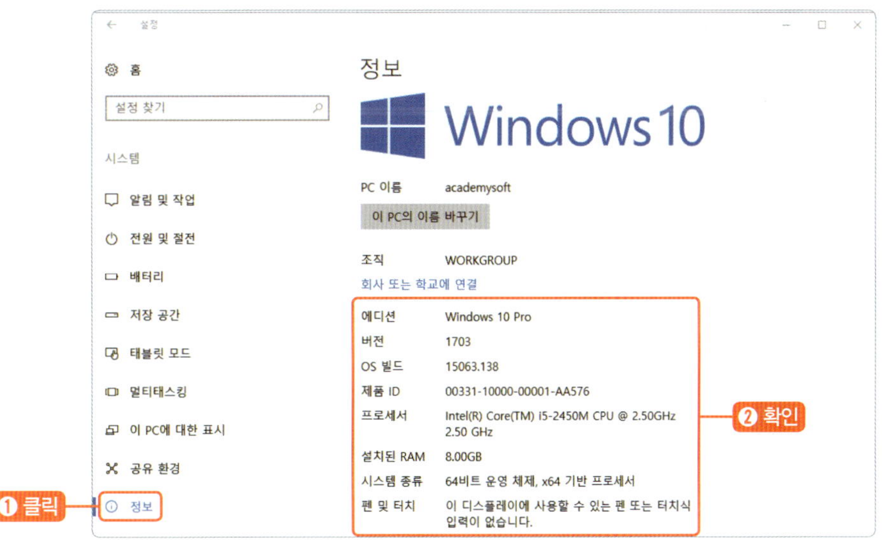

친구들과 함께 북촌 한옥 마을로 여행가기

완성 작품 미리보기

📁 불러올 파일 : 없음　💾 완성된 파일 : 없음

▶ 네이버 지도를 이용하여 목적지까지 가는 교통편을 알아봅시다.

▶ 친구들에게 모임 위치를 표시하여 메일로 보내봅시다.

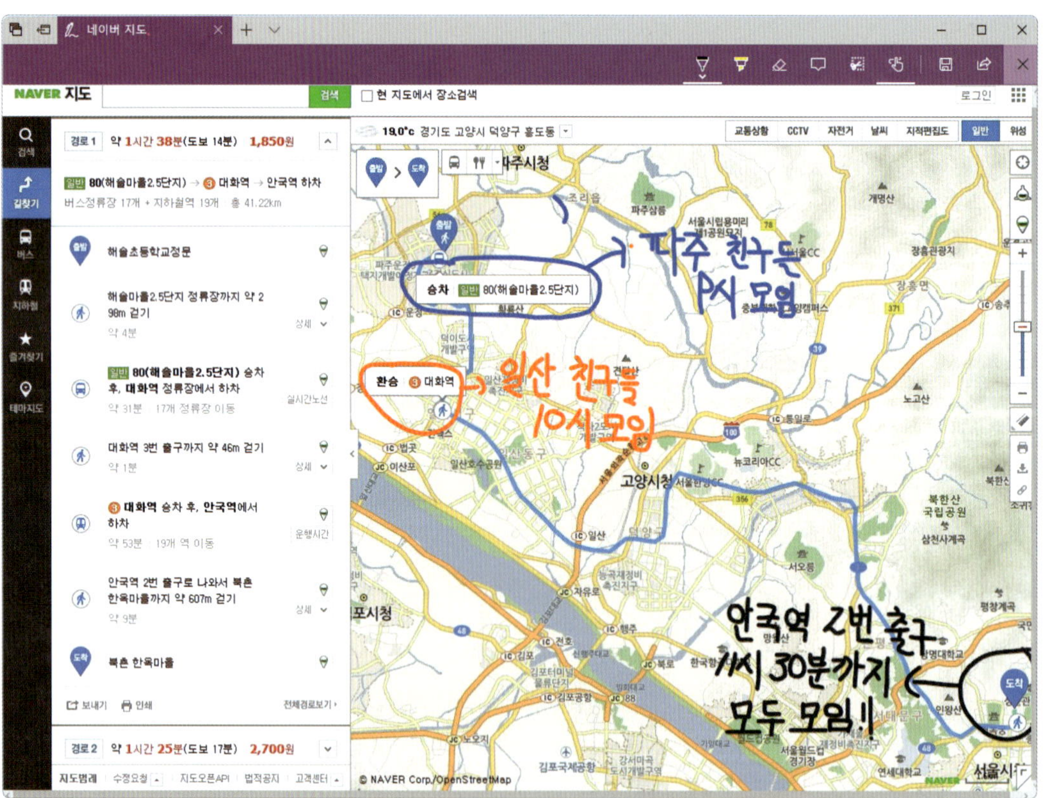

네이버 지도를 이용하여 목적지까지 가는 교통편을 알아봅시다.

❶ [시작] 메뉴 또는 [작업 표시줄]을 이용하여 [Microsoft Edge]를 실행합니다. '주소 및 검색 입력' 칸 www.naver.com를 입력한 후 **Enter** 키를 누릅니다. 네이버 홈 페이지가 열리면 상단 메뉴에서 **지도**를 클릭합니다.

※ 지도 웹 페이지 주소(map.naver.com)를 입력하면 바로 이동할 수 있습니다.

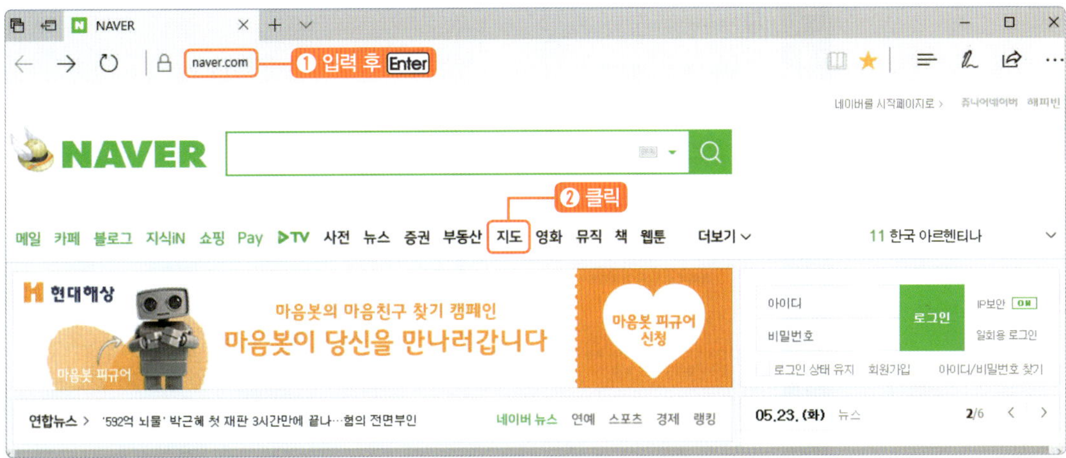

❷ 지도 웹 페이지가 나오면 **길찾기** 및 **대중교통**을 클릭하여 출발지를 **해솔초등학교정문**으로 지정하고, 도착지를 **북촌한옥마을**로 지정한 후 '길찾기 ▶'를 클릭합니다.

※ '출발지'와 '도착지'를 입력할 때 명칭이 중복될 수 있기 때문에 반드시 위치를 확인해야 합니다. 참고로 해솔초등학교는 '파주'에 있는 초등학교입니다.

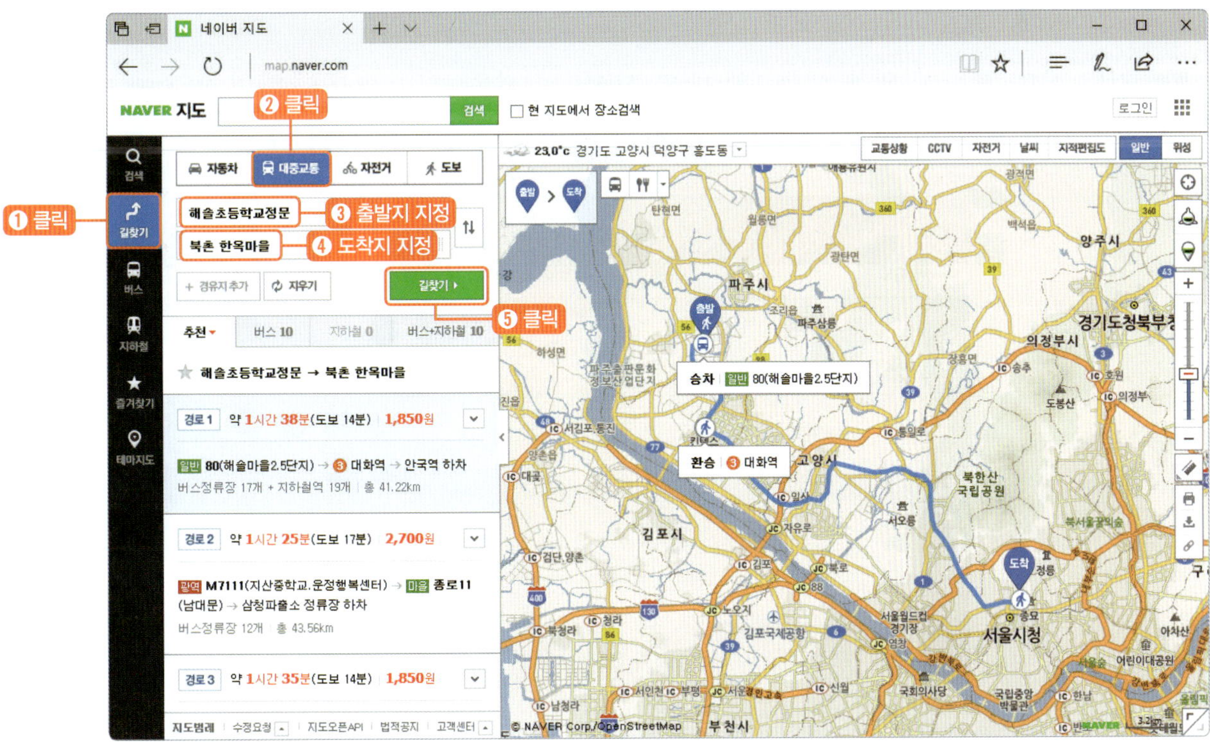

❸ [추천] 탭에 대중교통을 이용하여 목적지까지 가는 여러 가지 교통 정보가 나오면 각각의
경로에서 정보(시간, 비용 등)를 확인한 후 원하는 경로에서 '⌄'를 클릭합니다. 해당 경로
에 대한 자세한 교통 정보가 나오면 세부 내용을 확인합니다.

※ 경로 아래쪽의 '🖨 인쇄'를 클릭하면 해당 교통 정보를 프린터로 인쇄할 수 있습니다.

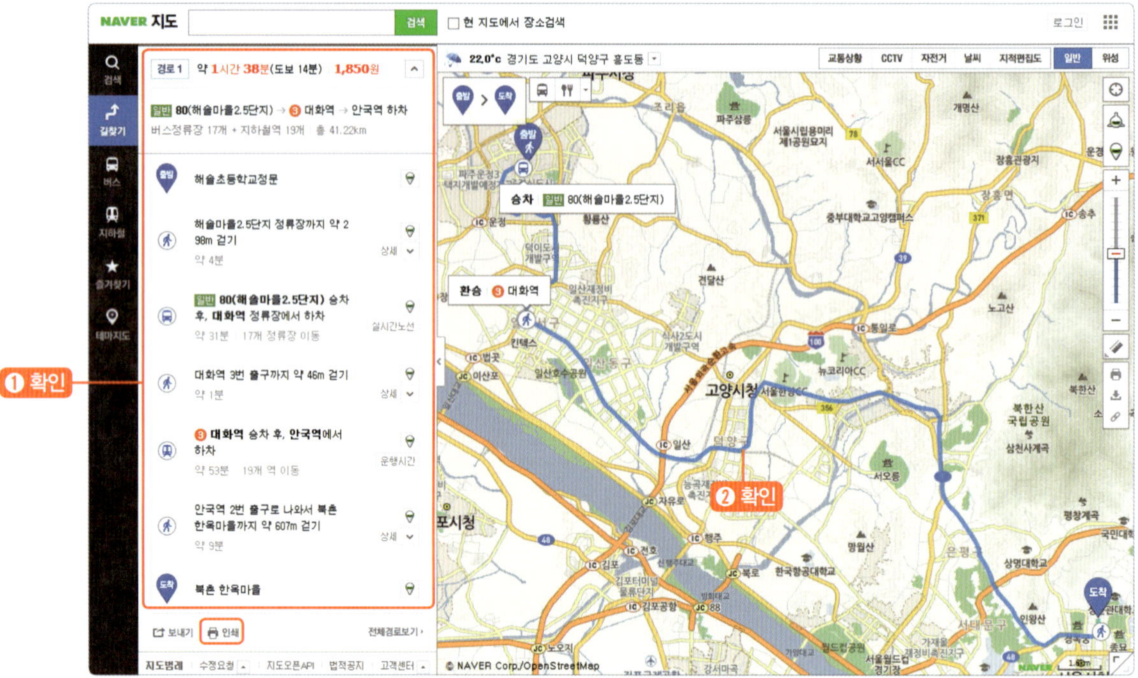

2 친구들에게 모임 위치를 표시하여 메일로 보내봅시다.

❶ 지도 화면 오른쪽 위에 있는 [웹 메모 작성(✎)]을 클릭합니다. 화면 위쪽에 메모에 필요한
여러가지 도구들이 나오면 [볼펜(▽)]을 클릭하여 원하는 **색과 크기**를 지정합니다.

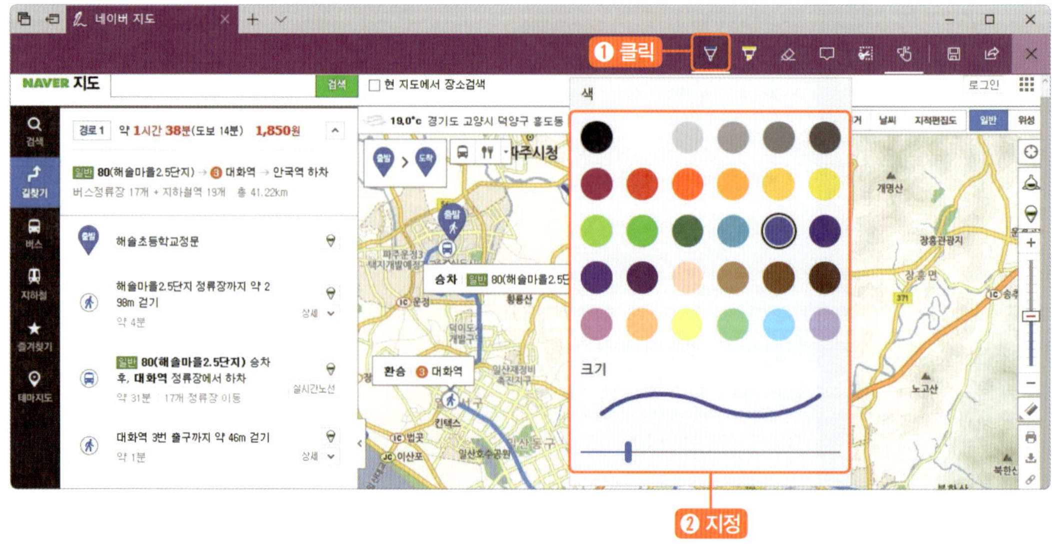

❷ 지도 화면에 친구들에게 알려줄 간단한 메모를 마우스로 드래그하여 적습니다.
※ 지우개( )를 이용하여 잘 못 그린 부분은 부분적으로 삭제할 수 있습니다.

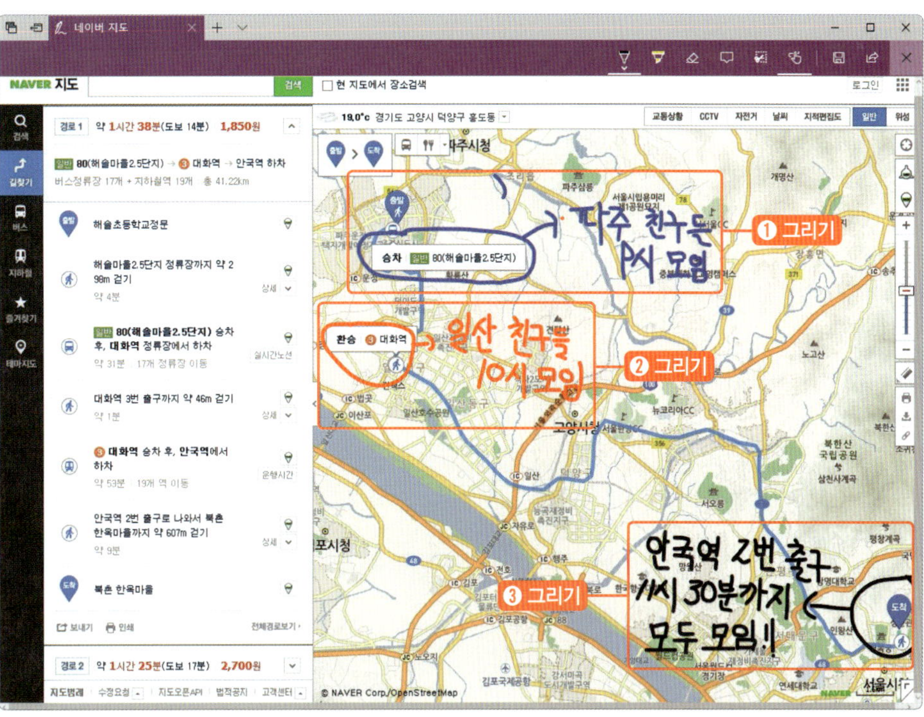

❸ 메모 입력이 끝나면 [잘라내기( )]을 클릭합니다. 현재 화면이 어둡게 바뀌면서 '영역을 끌어서 복사'라는 메시지가 나오면 **마우스 왼쪽 버튼을 누른 채 지도 부분을 드래그하여** 선택합니다.

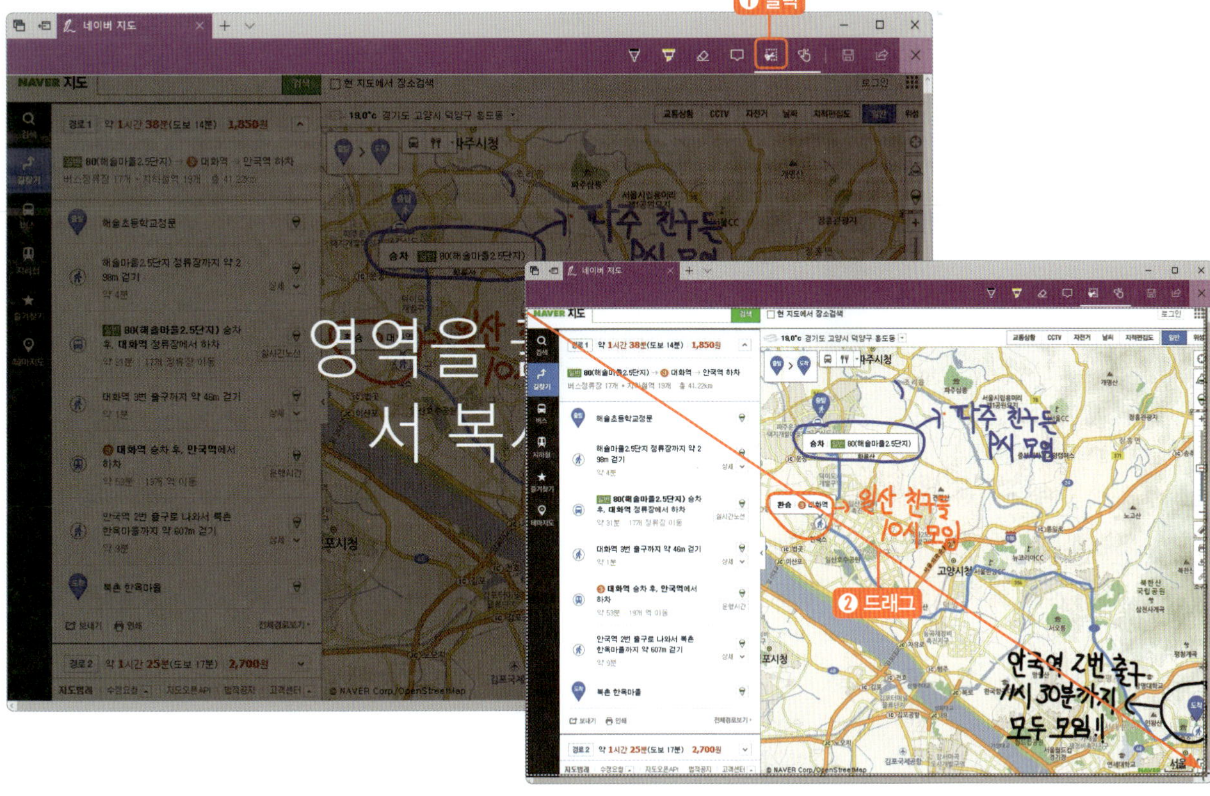

❹ [시작] 단추(▦)를 클릭한 후 [Windows 보조프로그램]–[그림판]을 클릭합니다. [그림판] 앱이 실행되면 [홈] 탭의 **[클립보드]** 그룹에서 **[붙여넣기(▢)]**를 클릭합니다.

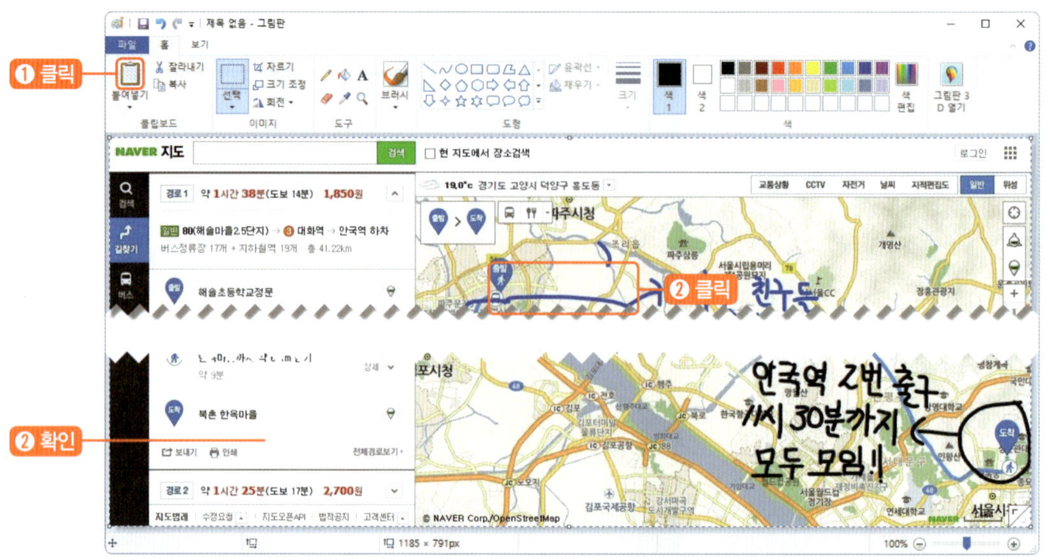

❺ [파일]–[저장]을 클릭합니다. [다른 이름으로 저장] 창이 나오면 **저장 위치(바탕화면)**와 **파일 이름(모임 지도)**을 선택 및 입력한 후 〈저장〉을 클릭합니다. 저장이 완료되면 [그림판] 앱을 닫습니다.

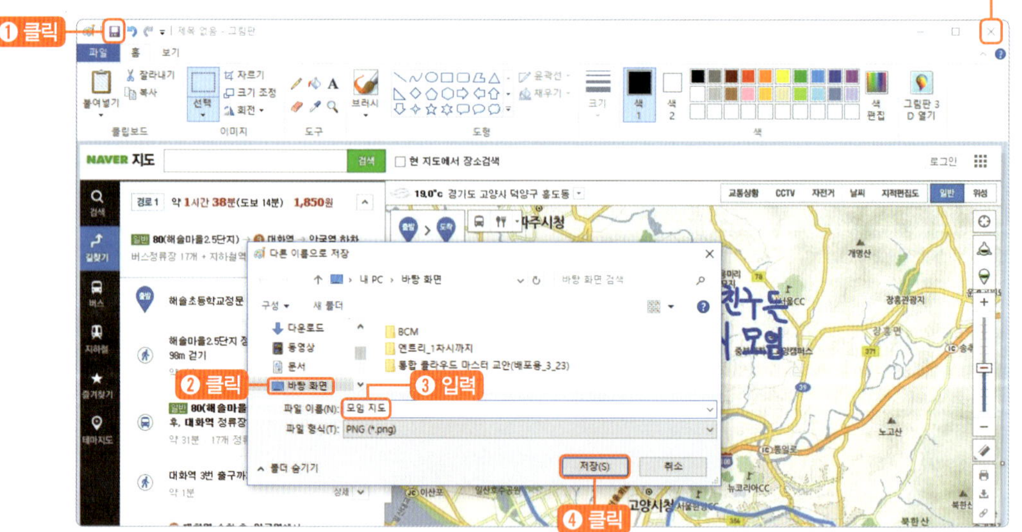

메일 보내기

해당 모임 지도를 메일로 보내는 작업은 '혼자서 뚝딱 뚝딱!'에서 작업합니다. 만약 네이버 메일 계정이 없는 사람은 집에서 부모님과 함께 메일 계정을 만든 후 친구들에게 메일을 보냅니다.

 **뚝딱 1**

모임 지도를 첨부하여 친구들에게 메일을 보내 봅시다.

📂 불러올 파일 : 없음 💾 완성된 파일 : 없음

① 네이버 홈 페이지에서 본인의 '아이디'와 '비밀번호'를 입력하여 로그인합니다.

② 본인 계정으로 로그인이 되면 [메일]–[메일 쓰기]를 클릭합니다.

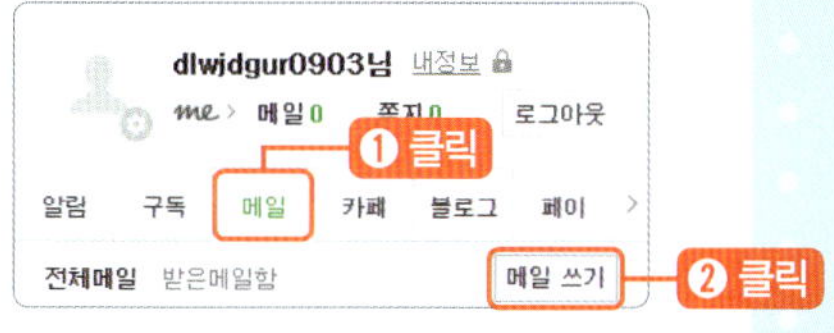

③ 메일쓰기로 화면이 전환되면 '받는 사람'에 친구들의 'e-mail 주소'를 차례대로 입력합니다.

④ 파일첨부에서 〈내PC〉를 클릭하여 [열기] 창이 나오면 바탕화면에 저장한 '모임 지도'를 선택한 후 〈열기〉를 클릭합니다.

⑤ 내용 입력 칸에 친구들에게 보낼 메일 내용을 입력한 후 '➡ 보내기'를 클릭합니다.

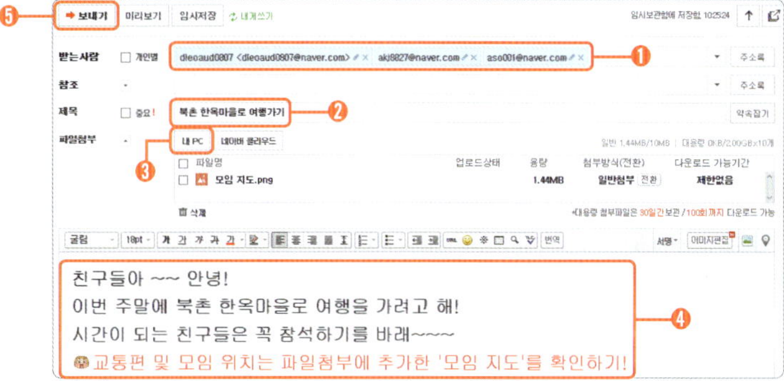

 **뚝딱 2**

네이버 지도에서 '북촌한옥마을맛집'을 검색한 후 거리뷰(📍)로 확인해 보세요.

📂 불러올 파일 : 없음 💾 완성된 파일 : 없음

▶ 거리뷰가 실행되면 맛집 근처의 파란색 길을 클릭한 후 작은 지도에서 맛집 위치를 클릭합니다.

▶ 거리뷰가 실행된 상태에서 길을 따라 마우스를 클릭하면 이동을 할 수 있습니다.

CHAPTER 21

[Windows 설정] 중 [앱]과 [계정] 설정의 주요 기능

📂 불러올 파일 : 없음   💾 완성된 파일 : 없음

- ▶ [앱 및 기능]에서 앱을 초기화 하거나 삭제해 봅시다.
- ▶ [사용자 정보]에서 'MS 계정'으로 로그인하거나 '로컬 계정'으로 로그인해 봅시다.
- ▶ [로그인 옵션]에서 'MS 계정' 또는 '로컬 계정'에 맞추어 암호를 지정해 봅시다.

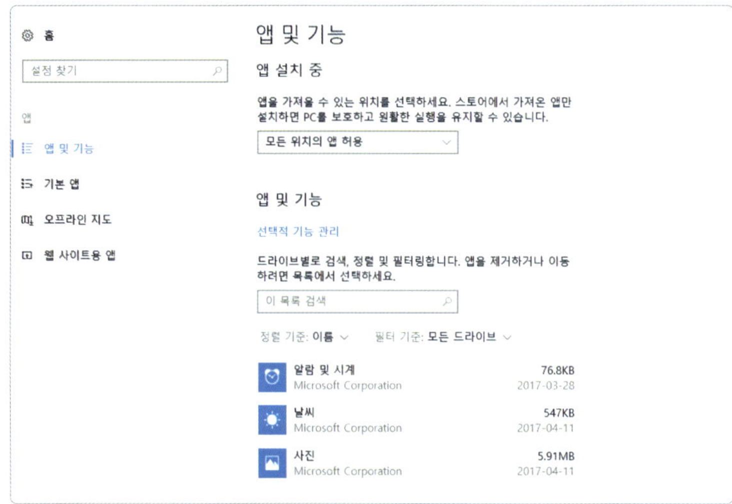

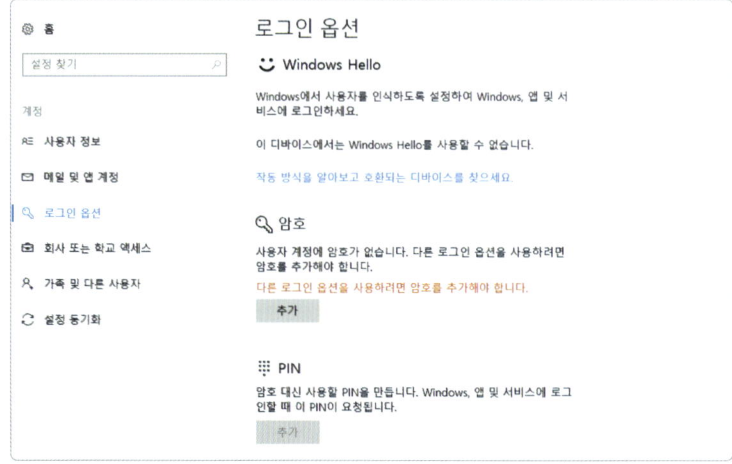

1 [앱]–[앱 및 기능]에서 자주 사용하는 기능을 설정해 봅시다.

※ [시작] 단추 (■)를 클릭하여 '설정(⚙)'을 선택하거나, [알림 센터]에서 '모든 설정(█████)'을 클릭합니다.

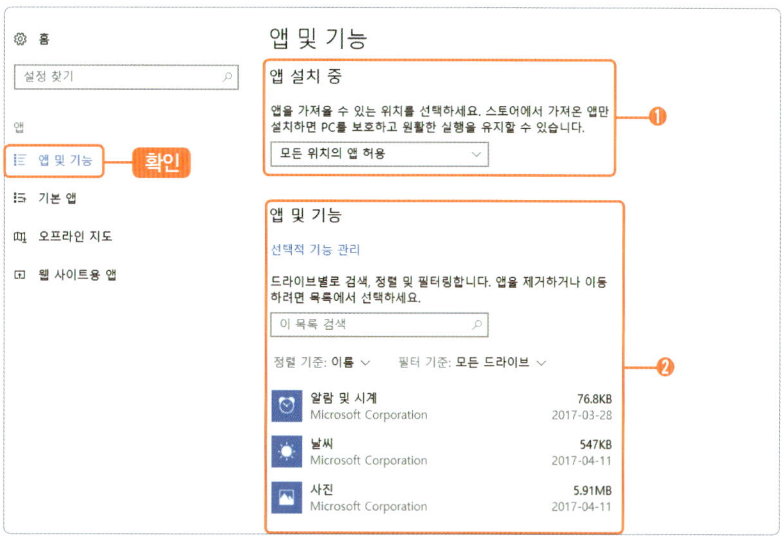

❶ **앱 설치 중** : 앱(프로그램)을 설치할 때 스토어에서 가져온 앱만 설치할 것인지 아니면 스토어에서 제공하지 않는 앱(프로그램)도 설치할 것인지를 설정할 수 있습니다. 만약 외부 프로그램의 설치가 안 될 경우에는 **모든 위치의 앱 허용**으로 선택되어 있는지 확인합니다.

❷ **앱 및 기능** : 설치된 앱을 '검색 및 정렬' 할 수 있으며, 앱을 제거하거나 처음 상태로 초기화할 수 있습니다.

- **이 목록 검색** : 찾고자 하는 '앱의 이름'을 입력하면 빠르게 찾을 수 있습니다.
- **정렬 기준** : '이름, 크기, 설치 날짜'로 정렬할 수 있습니다.
- **앱 제거** : 삭제할 앱을 선택한 후 〈제거〉를 클릭하면 컴퓨터에서 삭제할 수 있습니다.
- **앱 초기화** : 윈도우10에서 기본적으로 제공되는 앱 중에서 문제가 있거나 처음 상태로 되돌리고 싶을 경우에는 해당 앱을 선택한 후 '고급 옵션'을 클릭합니다. 초기화 화면으로 전환되면 〈초기화〉를 클릭하여 해당 앱을 처음 상태로 되돌립니다.

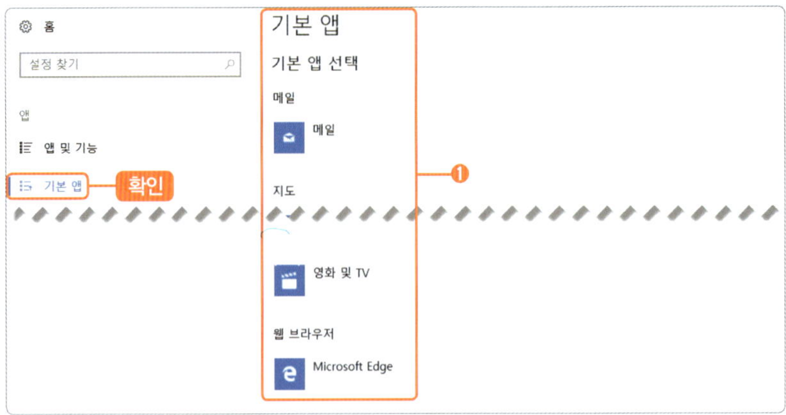

❶ 기본 앱 : 메일, 지도, 음악, 사진, 비디오, 웹 브라우저 등을 실행할 때 윈도우10에서 기본 앱으로 설정된 앱이 자동으로 실행됩니다.

❷ 기본 앱을 변경하고자 할 경우에는 해당 앱을 선택한 후 원하는 앱을 선택합니다. 기본 앱이 변경되면 관련된 파일을 실행할 때 해당 앱으로 실행됩니다.

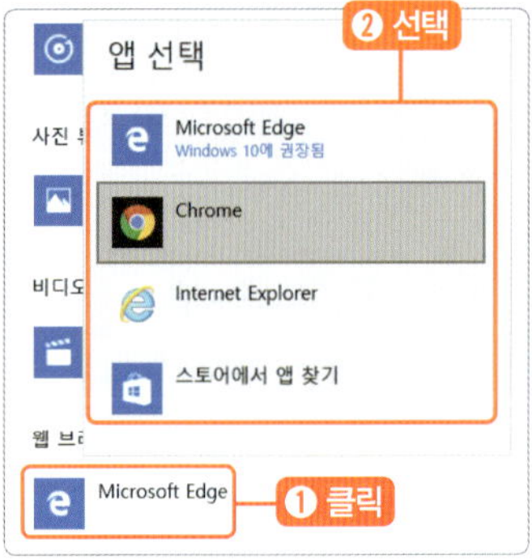

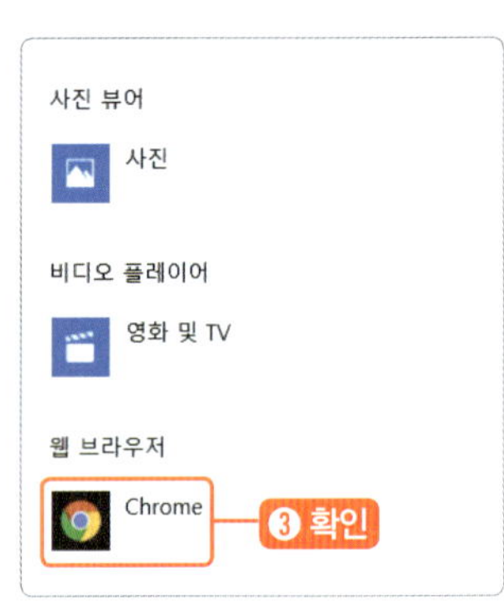

Tip

파일 형식(avi, jpeg, mp3, html 등)별 기본 앱 선택

❶ 스크롤바를 아래쪽으로 내려 '파일 형식별 기본 앱 선택'을 클릭합니다.

❷ [파일 형식별 기본 앱 선택] 창이 나오면 변경하고 싶은 파일 형식의 기본 앱을 클릭합니다.

❸ 여러 가지 앱들이 나오면 변경하고 싶은 앱을 선택합니다.

▶ 오른쪽 그림은 'mp3 파일' 형식의 기본 앱을 '곰 오디오'로 변경한 것입니다.

❶ [이전] 단추(←)를 클릭하여 [계정]을 클릭합니다. [계정] 설정으로 화면이 전환되면 현재 로그인된 사용자 정보를 확인합니다. 사용자 정보는 **MS 계정**과 **로컬 계정**으로 구분됩니다.

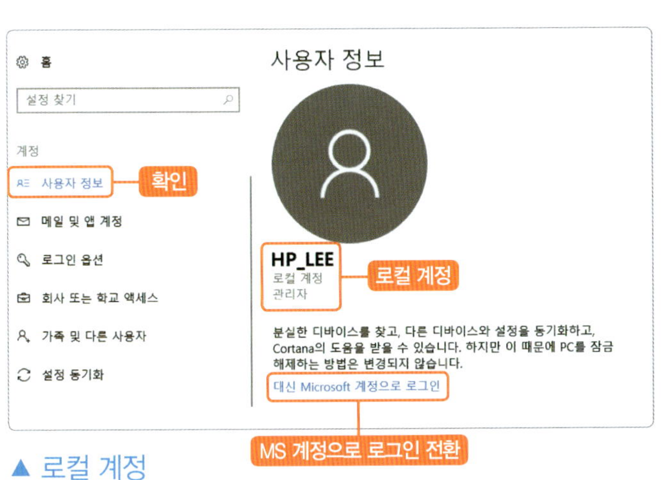

▲ 로컬 계정

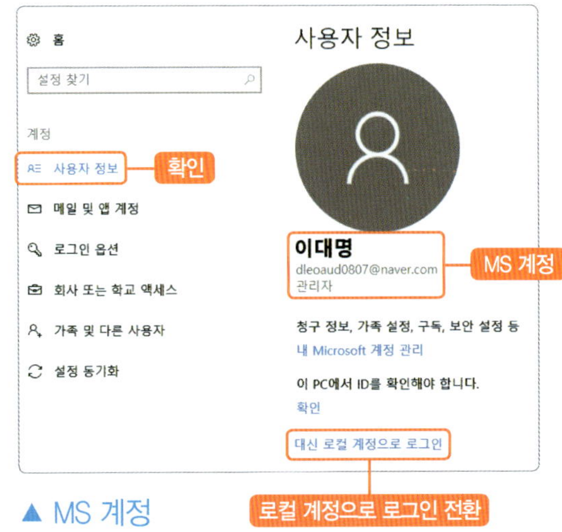

▲ MS 계정

Tip ─ 마이크로소프트 계정과 로컬 계정

❶ MS 계정을 만들어서 윈도우10을 로그인하면 [계정]의 [설정 동기화]에서 설정한 환경(테마, 인터넷 익스플로러 설정, 암호 등)을 다른 장치(노트북, 태블릿 등)에도 똑같이 적용시킵니다. 즉, 데스크톱 PC에서 설정한 환경 그대로를 노트북이나 태블릿에 적용시키는 것입니다.

❷ 로컬 계정은 현재 사용하고 있는 한 대의 PC에서만 사용하는 계정으로 윈도우7의 '사용자 계정'과 동일하다고 할 수 있습니다.

❸ [로그인 옵션]에서 '암호'를 설정할 때 '로컬 계정'은 현재 사용하고 있는 PC에서만 암호가 적용되지만 'MS 계정' 을 이용할 경우에는 다른 PC(노트북, 태블릿)에서 로그인할 때 동일한 암호를 사용할 수 있습니다.

❹ '로컬 계정'에서 'MS 계정'으로 변경할 때는 '대신 Microsoft 계정으로 로그인'을 클릭하여 로그인할 수 있습니다.

❺ 'MS 계정'에서 '로컬 계정'으로 변경할 때는 '대신 로컬 계정으로 로그인'을 클릭하여 로그인할 수 있습니다.

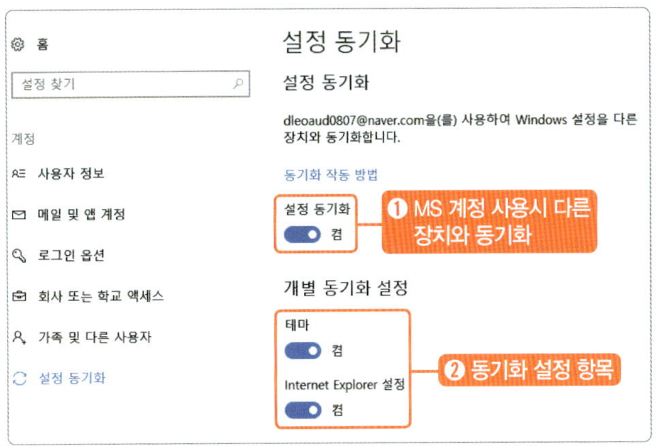

❷ 로컬 계정 상태에서 [로그인 옵션]을 클릭한 후 [암호] 항목에서 〈추가〉를 클릭합니다. [암호 만들기] 창이 나오면 '암호'를 입력한 후 〈다음〉 – 〈마침〉을 클릭합니다.

※ 'MS 계정'으로 로그인되어 있다면 암호 추가는 안 되고 암호를 대신 사용할 'PIN'을 추가할 수 있습니다.

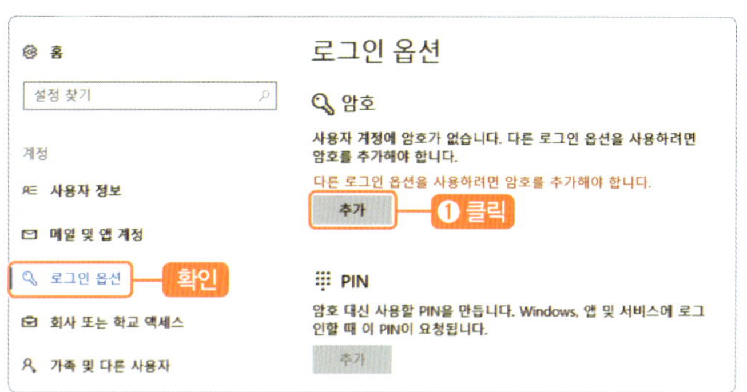

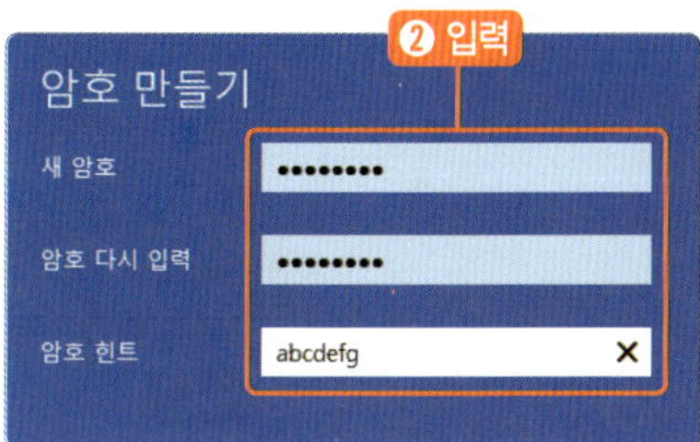

Tip

다른 사용자 추가

❶ [계정] 설정에서 [가족 및 다른 사용자]를 클릭합니다.

❷ **가족 구성원 추가** : 한 대의 컴퓨터에 가족들이 자신의 환경에 맞추어 윈도우10을 사용할 수 있도록 계정을 추가합니다. 가족 구성원 추가는 **MS 계정**으로 로그인되어 있어야만 추가가 가능합니다.

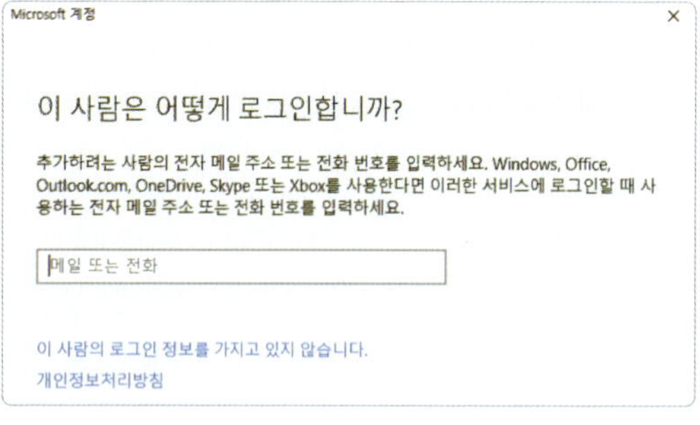

❸ **이 PC에 다른 사용자 추가** : 'MS 계정을 가지고 있는 사람' 또는 'MS 계정이 없는 사람'을 추가하여 개별적인 환경에 맞추어 윈도우10을 사용할 수 있습니다.

❹ **새로운 로컬 계정 만들기** : [Microsoft 계정] 창에서 '이 사람의 로그인 정보를 가지고 있지 않습니다.'를 클릭 → 'Microsoft 계정 없이 사용자 추가'를 클릭하면 '로컬 계정'을 추가적으로 만들 수 있습니다.

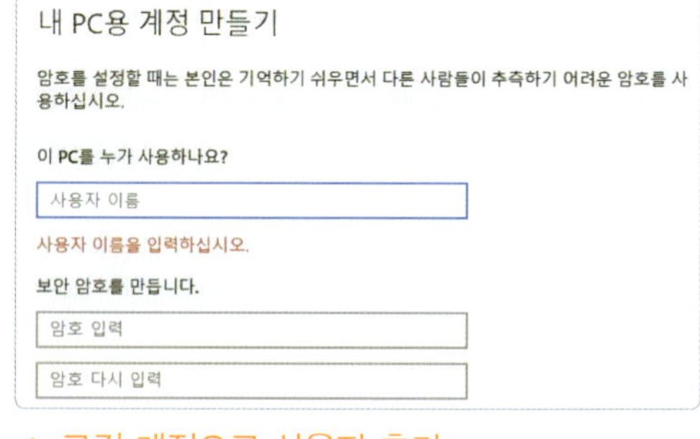

▲ MS 계정으로 사용자 추가   ▲ 로컬 계정으로 사용자 추가

 뚝딱 1

[앱] 및 [계정] 설정 중에서 관련이 있는 것들 끼리 선으로 연결하세요.

📁 불러올 파일 : 없음　💾 완성된 파일 : 없음

앱 및 기능　●　　　●　사용자 계정에 따라 암호를 지정 암호, PIN, 사진암호

기본 앱　●　　　●　MS 계정, 로컬 계정

사용자 정보　●　　　●　특정 파일을 실행하였을 때 기본적으로 실행되는 앱을 확인하거나 변경

로그인 옵션　●　　　●　설치된 앱을 검색하거나 삭제 함

 뚝딱 2

현재 사용 중인 컴퓨터의 IP 주소를 확인해 봅시다.

📁 불러올 파일 : 없음　💾 완성된 파일 : 없음

① [네트워크 및 인터넷] 설정에서 [이더넷] – [네트워크 2]를 클릭합니다.

※ [이더넷] 항목의 네트워크 이름(네트워크 2)은 컴퓨터마다 다를 수 있습니다.

② [네트워크 정보] 창으로 전환되면 '속성' 항목에서 'IP 주소'를 확인합니다.

③ 〈복사〉를 클릭하면 해당 컴퓨터의 네트워크 속성 정보를 복사하여 한글이나 메모장 등에 붙여넣을 수 있습니다.

※ 'IP 주소'란 인터넷 상에서 필요한 정보를 주고받기 위하여 인터넷에 연결된 기기(컴퓨터 등)들을 식별하기 위한 고유 번호입니다. 'IP 주소'는 핸드폰 번호처럼 다른 사람들이 사용하지 못하게 나만 사용하는 유일한 주소이며, 이 주소를 이용하여 필요한 데이터를 주고받을 수 있습니다.

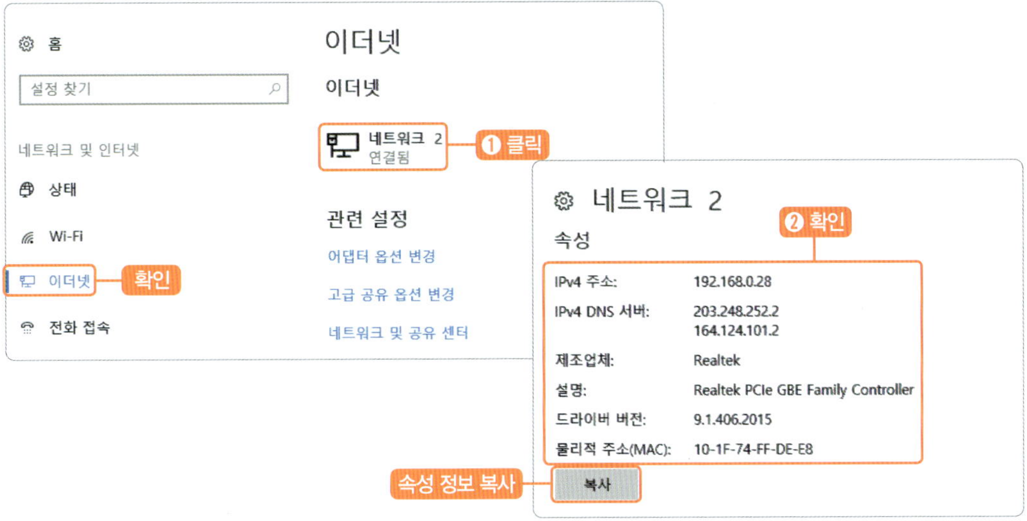

마인크래프트로 EPL(코딩) 공부하기-1

📁 불러올 파일 : MC 코딩   📗 완성된 파일 : 없음

▶ [마인크래프트 코딩] 앱을 설치해 봅시다.

▶ 14개의 단계별 코딩 과제 중에서 5단계까지 차례대로 코딩을 해 봅시다.

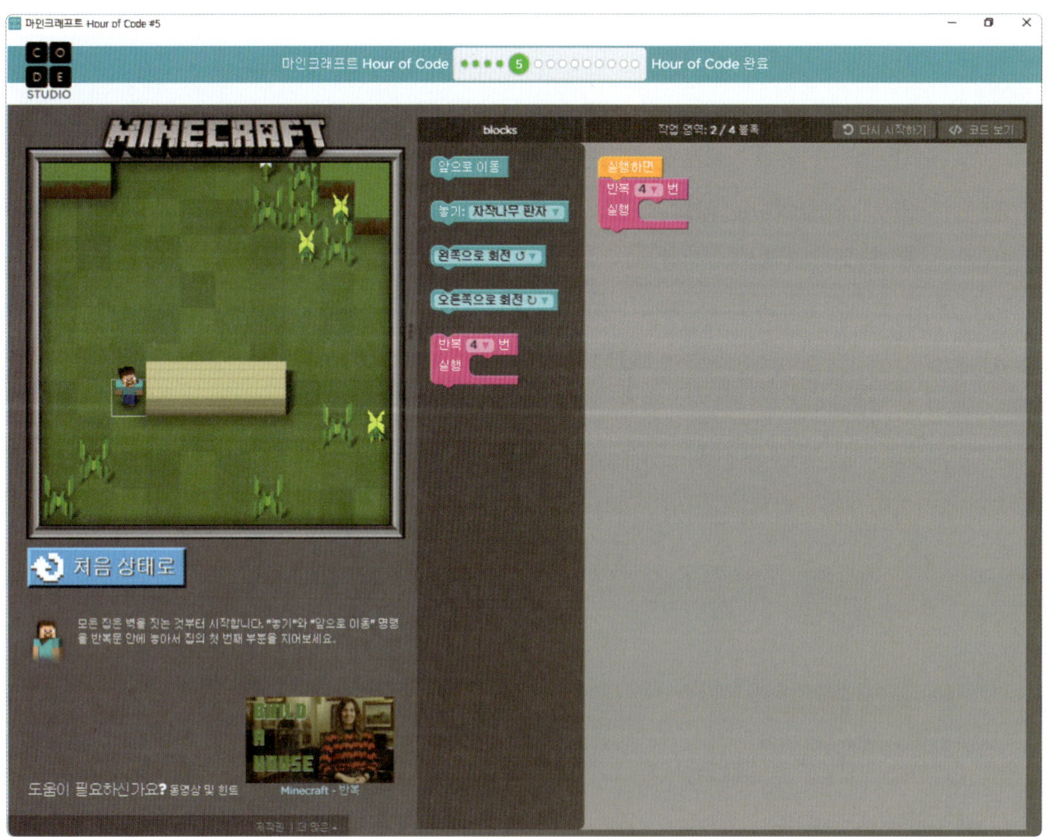

❶ 작업 표시줄에서 [파일 탐색기( )]를 클릭합니다. [파일 탐색기]가 실행되면 [소스 파일]
－[불러올 파일]－[마인크래프트 코딩] 폴더에 있는 MC **코딩**을 더블클릭합니다.

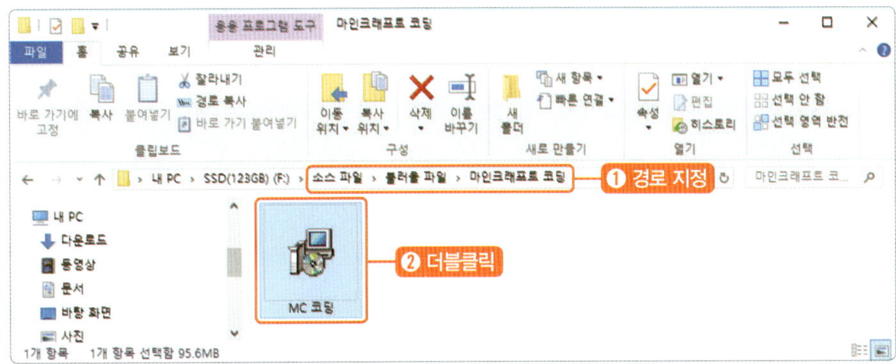

❷ [보안 경고] 창이 나오면 〈실행〉을 클릭한 후 [hour of code] 창이 나오면 〈예〉클릭합니다.

❸ [Setup－MCKorean] 창이 나오면 〈Next〉－〈Next〉－〈Install〉을 차례대로 클릭하여 앱을
설치합니다. 설치가 완료되면 〈Finish〉를 클릭합니다.

❹ 설치가 완료된 후 해당 앱이 자동으로 실행되면 [소개 프레젠테이션] 탭을 클릭하여 마인크
래프트 개발자가 이야기하는 코딩 내용을 읽어 본 후 〈닫기( )〉를 클릭합니다.
※ [시작]－[최근에 추가한 앱]－[MCKorean] 앱을 클릭하여 실행할 수도 있습니다.

❺ 캐릭터 선택 화면이 나오면 원하는 **캐릭터를 선택**합니다.

❶ 1번째(1/14) 코딩 과제가 나오면 해당 내용을 확인한 후 〈확인〉을 클릭합니다. 이이서 '▶ 실행'을 클릭하여 오른쪽 명령 블록에 따라서 캐릭터가 어떻게 움직이는지 확인한 후 '↻ 처음 상태로'를 클릭합니다.

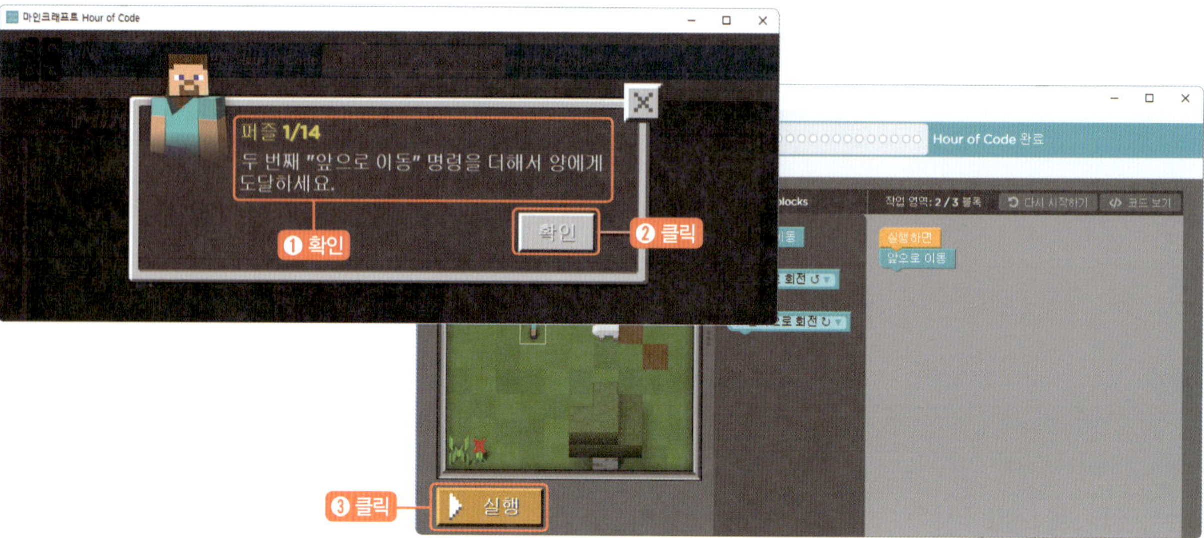

❷ 1번째(1/14) 코딩 과제가 **두 번째 "앞으로 이동" 명령을 더해서 양에게 도달하세요.** 이기 때문에 [blocks]에서 '앞으로 이동' 명령 블록을 '앞으로 이동' 아래쪽으로 드래그하여 연결합니다.

❸ '▶ 실행'을 클릭하여 캐릭터가 '2칸 앞으로' 이동하여 양에게 다가가는지 확인합니다. 주어진 과제를 해결하면 〈계속하기〉를 클릭하여 2번째(2/14) 코딩 과제를 확인합니다.

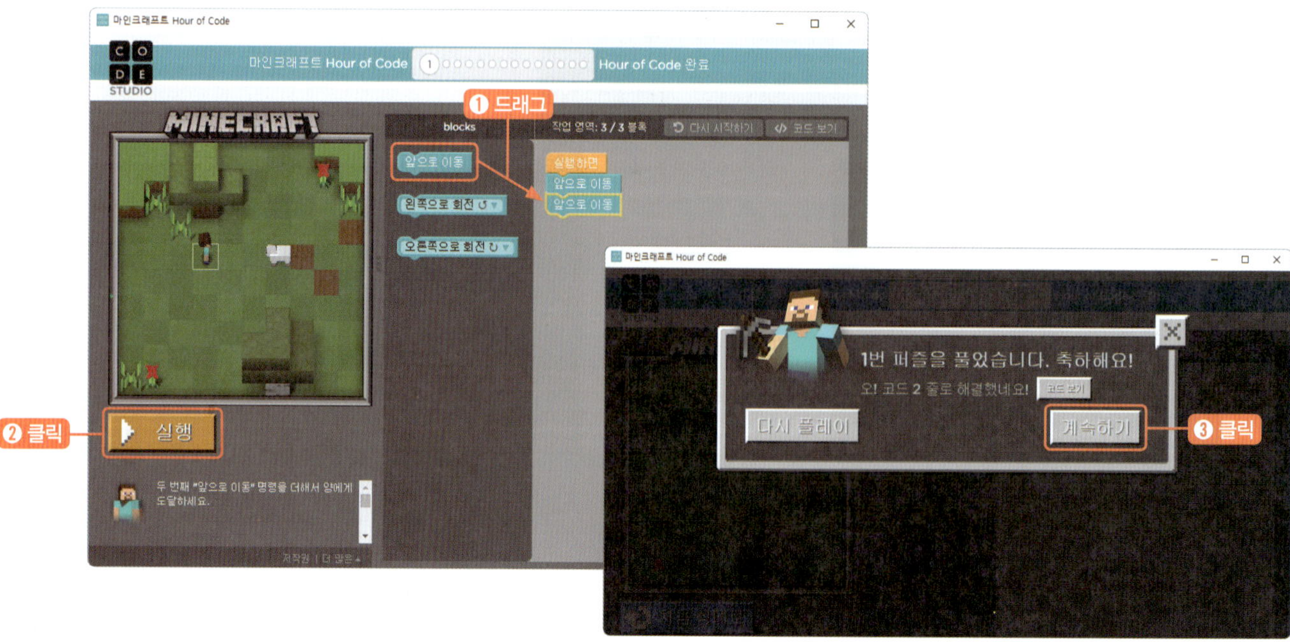

 **Tip** 블록 삭제 및 캐릭터 이동 간격

❶ '▶ 실행' 아래쪽을 보면 작은 글씨로 코딩 과제를 확인할 수 있으며, 해당 과제를 클릭하면 전체 화면으로 과제 내용을 확인할 수 있습니다.

❷ 명령 블록을 잘 못 가져다 놓았을 경우 [blocks] 쪽으로 드래그하거나 Delete 키를 눌러 삭제할 수 있습니다.

❸ 바닥의 '네모 모양(▨)' 칸 수는 캐릭터가 이동할 수 있는 간격으로 해당 칸 수만큼 '앞으로 이동' 명령 블록을 연결하면 연결한 개수만큼 캐릭터를 이동시킬 수 있습니다. 캐릭터와 양까지의 거리는 바닥을 보면 '네모 모양(▨)'이 2개이기 때문에 '앞으로 이동 / 앞으로 이동' 명령 블록을 2개 연결하여 캐릭터가 양까지 이동하도록 코딩한 것입니다.

3 14개의 단계별 코딩 과제 중에서 5단계까지 차례대로 코딩을 해 봅시다.

❶ 2단계 코딩 과제를 확인한 후 blocks를 이용하여 코딩 작업을 합니다.

※ 정답은 '혼자서 뚝딱 뚝딱'에 있습니다. 될 수 있으면 정답을 보지 않고 여러분 스스로 문제를 해결할 수 있도록 코딩해 보세요.

2/14번째 코딩 과제 : 나무는 매우 중요한 자원입니다. 나무로 많은 것들을 만들 수 있지요. 나무로 걸어간 후 "블록 부수기" 명령을 이용해 나무를 베세요.

힌트 캐릭터와 나무까지의 바닥 네모 모양(▨)의 칸 수를 확인하여 '앞으로 이동'을 연결한 후 '블록 부수기'를 연결합니다.

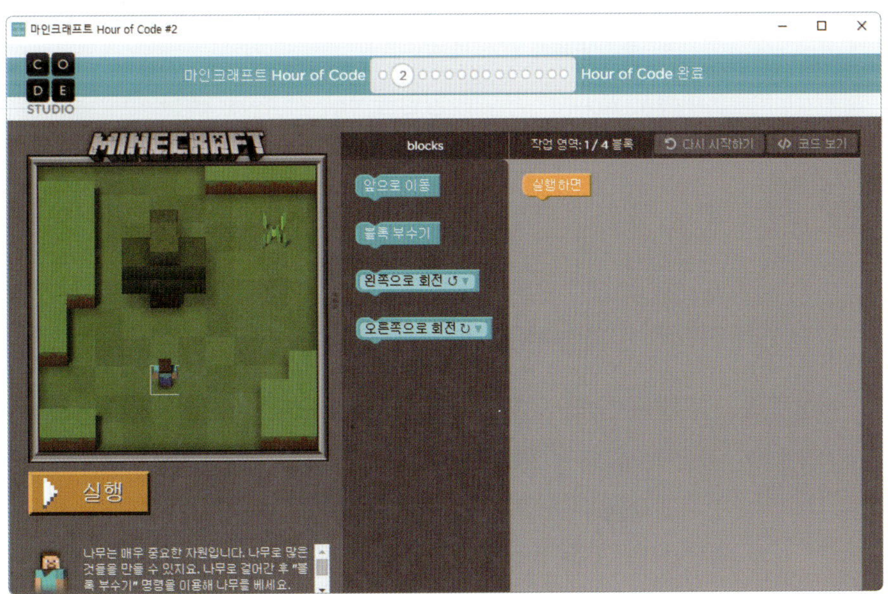

잘 못된 코딩 부분(버그) 확인

❶ 작업 영역에 블록을 연결하여 코딩 작업을 한 후 반드시 ' ▶ 실행 '을 클릭하여 결과를 확인합니다. 결과 확인이 끝나면 ' ↻ 처음 상태로 '를 클릭하여 잘 못된 부분은 코딩을 수정하고, 이상이 없다면 다음 작업을 코딩합니다.

❷ ' ▶ 실행 '을 클릭하여 결과를 확인할 때 전체 코딩 작업을 완료한 후 한 번에 확인하기 보다는 단계별(이동 → 부수기)로 끊어서 결과를 확인하는 것이 좋은 코딩 방법입니다.

❷ 3단계 코딩 과제를 확인한 후 blocks를 이용하여 코딩 작업을 합니다.

3/14번째 코딩 과제 : 양털 깎기 시간이에요! 두 마리 양에게서 양털을 채집하려면, "털 깎기" 명령을 사용하세요.

힌트 ① 캐릭터와 첫 번째 양까지의 바닥 네모 모양(▊)의 칸 수를 확인하여 ' 앞으로 이동 '을 연결한 후 ' 털 깎기 '를 연결합니다.

② 첫 번째 양의 위치에서 두 번째 양의 위치로 방향을 바꾸기 위해 ' 오른쪽으로 회전 ↻ ▼ '을 연결한 후 ①번처럼 코딩합니다.

❸ 4단계 코딩 과제를 확인한 후 blocks를 이용하여 코딩 작업을 합니다.

4/14번째 코딩 과제 : 해가 지기 전에 집을 지어야 해요. 집을 지으려면 나무가 많이 필요하죠. 나무 3그루를 모두 베세요.

힌트 ① 첫 번째 나무를 베는 것은 이미 코딩이 되어 있기 때문에 두 번째와 세 번째 나무를 베는 것만 코딩합니다.

② 캐릭터와 두 번째 나무까지의 바닥 네모 모양(▊)의 칸 수를 확인하여 ' 앞으로 이동 '을 연결한 후 ' 블록 부수기 '를 연결합니다.

③ 세 번째 나무 위치로 방향을 바꾸기 위해 ' 왼쪽으로 회전 ↻ ▼ '을 연결한 후 ②번처럼 코딩합니다.

❹ 5단계 코딩 과제를 확인한 후 blocks를 이용하여 코딩 작업을 합니다.

5/14번째 코딩 과제 : 모든 집은 벽을 짓는 것부터 시작합니다. "놓기"와 "앞으로 이동" 명령을 반복문 안에 놓아서 집의 첫 번째 부분을 지어보세요.

힌트 ① 반복문을 이용하면 한 번의 실행으로 여러 번의 작업을 할 수 있습니다.

② 캐릭터가 4개의 흙바닥 칸을 이동하면서 4개의 자작나무 판자를 놓기 위하여 ' 반복 4 번 실행 ' 안쪽에 ' 놓기: 자작나무 판자 ▼ '와 ' 앞으로 이동 '을 연결합니다.

※ '놓기'와 '이동' 명령 블록을 연결할 때 작업 순서('놓기→이동' / '이동 → 놓기')를 반드시 확인해야 합니다. 작업 순서에 따라 코딩 결과는 완전히 달라집니다.

③ 4번의 '놓기'와 4번의 '이동' 작업을 해야 하기 때문에 반복 횟수는 '4'로 지정합니다.

단계	코딩 방법	단계	코딩 방법
2단계	실행하면 / 앞으로 이동 / 앞으로 이동 / 블록 부수기	3단계	실행하면 / 앞으로 이동 / 앞으로 이동 / 털 깎기 / 오른쪽으로 회전 ↻ ▼ / 앞으로 이동 / 털 깎기
4단계	실행하면 / 앞으로 이동 / 앞으로 이동 / 앞으로 이동 / 블록 부수기 / 왼쪽으로 회전 ↺ ▼ / 앞으로 이동 / 앞으로 이동 / 앞으로 이동 / 블록 부수기 / 왼쪽으로 회전 ↺ ▼ / 앞으로 이동 / 앞으로 이동 / 앞으로 이동 / 블록 부수기	5단계	실행하면 / 반복 4 ▼ 번 / 실행 놓기: 자작나무 판자 ▼ / 앞으로 이동

완성 작품 미리보기

📂 불러올 파일 : 없음 📄 완성된 파일 : 없음

▶ 6단계부터 12단계까지 창의적인 생각을 바탕으로 코딩을 해 봅시다.

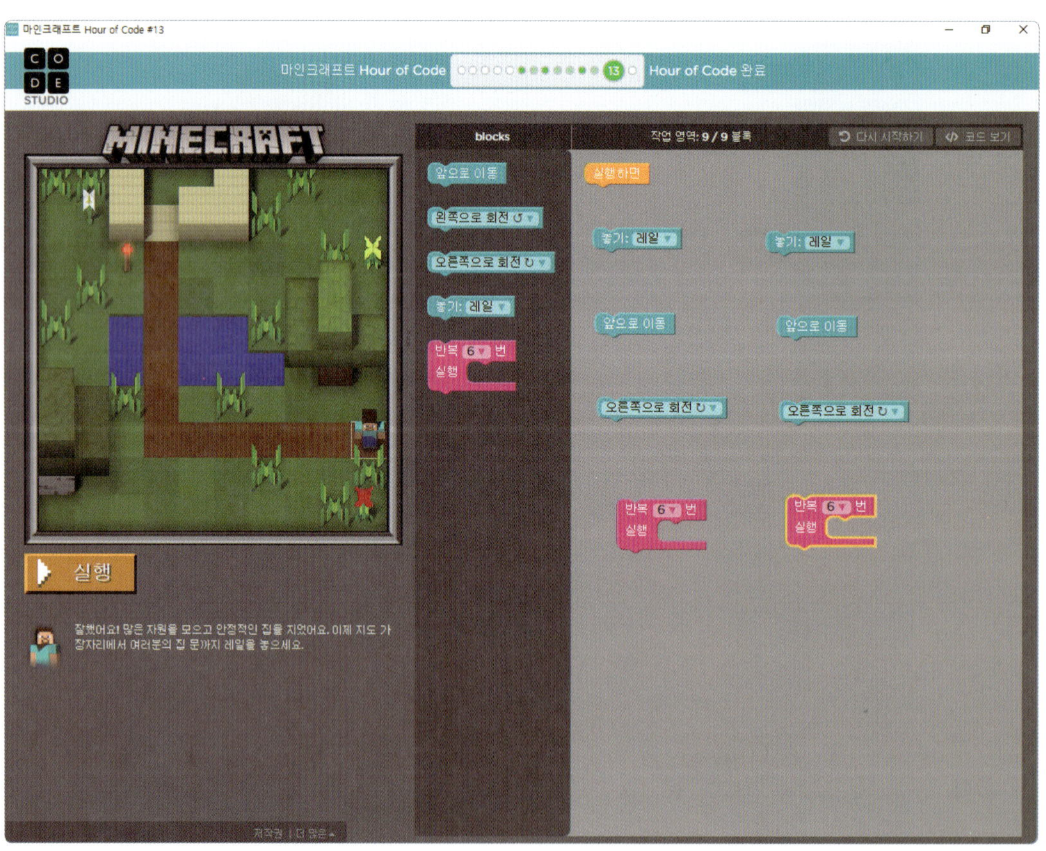

1 14개의 단계별 코딩 과제 중에서 12단계까지 코딩을 해 봅시다.

❶ [시작] 단추(■)를 클릭하여 맨 위쪽에 있는 [최근에 추가한 앱]에서 [MCKorean] 앱을 클릭하여 실행합니다.

❷ 위쪽에 있는 '마인크래프트 Hour of Cade'에서 ⑥단계를 선택하여 코딩 과제를 확인한 후 blocks를 이용하여 코딩 작업을 합니다.

※ '집을 지어요.' 화면이 나오면 평면도에서 '쉬움'을 선택한 후 과제 내용을 확인합니다.

6/14번째 코딩 과제 : 여러분이 원하는 재료를 이용해서, 집의 나머지 부분을 완성해보세요. "repeat" 명령은 편리하게 사용할 수 있습니다.

> **힌트** ① 왼쪽 직선 방향은 이미 코딩이 되어 있기 때문에 오른쪽 방향과 아래쪽 방향을 코딩합니다.
>
> ② 캐릭터가 3개의 흙바닥 칸을 이동하면서 3개의 자작나무 판자를 놓기 위하여 '반복 3번 실행' 안쪽에 '앞으로 이동'과 '놓기: 자작나무 판자'를 연결합니다.
>
> ③ 캐릭터가 아래쪽 방향으로 2개의 흙바닥 칸을 이동하면서 2개의 자작나무 판자를 놓기 위하여 '오른쪽으로 회전↻'을 연결한 후 ②번처럼 코딩합니다. (※ 반복 횟수 주의)

3 7단계 코딩 과제를 확인한 후 blocks를 이용하여 코딩 작업을 합니다.

7/14번째 코딩 과제 : 미리 계획을 짜는 것이 좋습니다. 물의 양쪽에 작물을 심으면 나중에 배가 고프지 않아요.

> **힌트** ① 캐릭터가 6개의 흙바닥 칸을 이동하면서 6개의 작물을 심기 위하여 '반복 6번 실행' 안쪽에 '작물 심기'와 '앞으로 이동'을 연결합니다.
>
> ② 이동할 바닥 칸의 개수를 확인한 후 '오른쪽으로 회전↻' 2개와 '앞으로 이동' 3개를 이용하여 캐릭터를 오른쪽 첫 번째 흙바닥 칸으로 이동하도록 코딩합니다.
>
> ③ 오른쪽 흙바닥 칸에도 ①번과 동일한 방법으로 코딩을 합니다.

❹ 8단계 코딩 과제를 확인한 후 blocks를 이용하여 코딩 작업을 합니다.

8/14번째 코딩 과제 : 크리퍼와 마주치는 건 좋지 않습니다. 크리퍼를 조심스럽게 지나쳐서 안전한 집에 도달하세요.

힌트
① 배경에서 크리퍼가 없는 이동 방향을 확인한 후 이동할 칸의 개수를 확인합니다.
② 캐릭터가 앞으로 4칸을 이동한 후 왼쪽으로 회전하기 위하여 '반복 실행 4번' 안쪽에 '앞으로 이동'을 연결한 후 '왼쪽으로 회전'을 연결합니다.
③ 캐릭터가 집 앞쪽까지 이동한 후 왼쪽으로 회전하도록 ①번과 동일한 방법으로 코딩합니다.
④ 캐릭터가 집 입구까지 이동할 수 있도록 '반복 실행 2번', '앞으로 이동'을 이용하여 코딩합니다.

❺ 9단계 코딩 과제를 확인한 후 blocks를 이용하여 코딩 작업을 합니다.

9/14번째 코딩 과제 : 가장 귀중한 자원은 땅속에서 찾을 수 있어요. 하지만, 땅속은 어두울 수 있지요. 횃불을 2개 이상 놓고 석탄을 2개 이상 채굴하세요.

힌트
① 배경에서 캐릭터와 가장 가까운 쪽의 석탄 위치를 확인 한 후 '횃불 놓기'와 '왼쪽으로 회전'을 연결합니다.
② 왼쪽에 있는 2개의 석탄을 얻기 위하여 '반복 실행 2번', '블록 부수기', '앞으로 이동'을 이용하여 코딩합니다.
③ 2개 이상의 횃불을 놓기 위하여 '횃불 놓기'를 마지막으로 코딩합니다.

❻ 10단계 코딩 과제를 확인한 후 blocks를 이용하여 코딩 작업을 합니다.

10/14번째 코딩 과제 : 녹은 용암 속으로 걸어 들어가는 건 좋은 생각이 아니에요. 조약돌을 놓아서 다리를 만든 후 철 블록을 2개 이상 채굴하세요.

힌트
① 캐릭터가 용암에 조약돌을 놓기 위하여 '앞으로 이동'과 '놓기: 조약돌 (을)를 앞에'을 연결합니다.
② 조약돌이 놓아지면 철 블록 위치까지 이동하기 위하여 '반복 실행 2번', '앞으로 이동'을 이용하여 코딩합니다.
③ 2개의 철을 얻기 위하여 '반복 실행 2번', '블록 부수기', '앞으로 이동'를 이용하여 코딩합니다.

❼ 11단계 코딩 과제를 확인한 후 blocks를 이용하여 코딩 작업을 합니다.

11/14번째 코딩 과제 : 이 블록들 아래에 용암이 숨어있습니다. 앞으로 이동하기 전에 덮어야 해요. "if"(만약) 명령은 여기서 유용할 거에요. 올바른 곳에 "앞으로 이동" 명령을 더해서 이 블록을 채굴하세요.

힌트 ① 조건문(만약~라면)을 이용하면 해당 조건에 따라 실행을 할 수 있습니다

② ' ▶ 실행 '을 클릭하여 캐릭터가 블록을 부순 후 용암이 있으면 조약돌을 놓는지 확인합니다.(오른쪽 코딩 내용 확인)

③ 오른쪽 코딩 내용에 ' 앞으로 이동 '을 추가하여 캐릭터가 이동하면서 블록을 부수고, 용암이 있으면 조약돌을 놓을 수 있도록 코딩합니다.

❽ 12단계 코딩 과제를 확인한 후 blocks를 이용하여 코딩 작업을 합니다.

12/14번째 코딩 과제 : 퍼즐이 점점 더 어려워지고 있어요. 레드스톤 3개를 채굴하세요. 하지만 용암으로 떨어지지는 마세요. "if"(만약) 명령을 사용해서 발견한 용암 위에 조약돌을 놓으세요.

힌트 ① 위쪽으로 용암 2칸을 지나기 위하여 ' 왼쪽으로 회전 ↺ ▼ '과 ' 반복 2 ▼ 번 실행 '을 연결합니다.

② 이동할 때 용암이 있다면 조약돌을 놓기 위하여 ' 반복 2 ▼ 번 실행 ' 안쪽에 ' 만약 용암이 앞에 있으면 실행 '을 연결합니다.

③ 조건에 맞으면 조약돌을 놓기 위하여 ' 놓기 : 조약돌 ▼ (을)를 앞에 '을 ' 만약 용암이 앞에 있으면 실행 ' 안쪽에 연결합니다.

④ 위쪽으로 2칸 이동하여 레드스톤을 채굴할 수 있도록 ' 앞으로 이동 '과 ' 블록 부수기 '를 ' 만약 용암이 앞에 있으면 실행 ' 아래쪽에 연결합니다.

⑤ 위쪽의 레드스톤을 채굴한 후 오른쪽의 2개의 레드스톤을 채굴하기 위하여 ' 앞으로 이동 '과 ' 오른쪽으로 회전 ↻ ▼ '을 연결합니다.

⑥ 캐릭터 방향이 오른쪽으로 바뀌면 이동 칸수를 확인한 후 ②~④까지 동일한 방법으로 나머지 2개의 레드스톤을 채굴합니다.

> **Tip**
>
> **코딩 결과**
>
> 주어진 과제를 해결하기 위한 코딩 방법은 사람마다 생각이 다르고 다양한 방법이 있을 수 있기 때문에 결과는 같아도 처리 과정(알고리즘)은 다를 수 있습니다. 예를 들어 떡볶이를 먹을 때 어떤 사람은 어묵을 먼저 먹고 떡볶이를 나중에 먹을 수도 있고, 또 다른 사람은 떡볶이를 먼저 먹고 나중에 어묵을 먹을 수도 있기 때문입니다. 즉, 먹는 순서(방법)은 다르지만 결과는 동일하다는 것을 알 수 있습니다.

단계	코딩 방법	단계	코딩 방법
6단계	실행하면 반복 3번 실행: 앞으로 이동 / 놓기: 자작나무 판자 오른쪽으로 회전 반복 3번 실행: 앞으로 이동 / 놓기: 자작나무 판자 오른쪽으로 회전 반복 2번 실행: 앞으로 이동 / 놓기: 자작나무 판자	7단계	실행하면 반복 6번 실행: 작물 심기 / 앞으로 이동 오른쪽으로 회전 앞으로 이동 앞으로 이동 오른쪽으로 회전 앞으로 이동 반복 6번 실행: 작물 심기 / 앞으로 이동
8단계	실행하면 반복 4번 실행: 앞으로 이동 왼쪽으로 회전 반복 4번 실행: 앞으로 이동 왼쪽으로 회전 반복 2번 실행: 앞으로 이동	9단계	실행하면 횃불 놓기 왼쪽으로 회전 반복 2번 실행: 블록 부수기 / 앞으로 이동 횃불 놓기

단계	코딩 방법	단계	코딩 방법
10단계	실행하면 앞으로 이동 놓기: 조약돌 ▼ (을)를 앞에 반복 2 번 실행 앞으로 이동 반복 2 ▼ 번 실행 블록 부수기 앞으로 이동	11단계	실행하면 반복 7 번 실행 블록 부수기 만약 용암이 앞에 있으면 실행 놓기: 조약돌 ▼ (을)를 앞에 앞으로 이동
12단계	실행하면 왼쪽으로 회전 ↺ ▼ 반복 2 번 실행 만약 용암이 앞에 있으면 실행 놓기: 조약돌 ▼ (을)를 앞에 앞으로 이동 블록 부수기 앞으로 이동 오른쪽으로 회전 ↻ ▼ 반복 3 ▼ 번 실행 만약 용암이 앞에 있으면 실행 놓기: 조약돌 ▼ (을)를 앞에 앞으로 이동 블록 부수기		

01 다음 중 [Windows 설정]의 구성 요소에 속하지 않는 것은 무엇인가요?

① [시스템] ② [장치] ③ [앱] ④ [공유 설정]

02 다음 중 [시스템]–[디스플레이] 설정 항목 중에서 올바르지 않은 것은 무엇인가요?

① '야간 모드'는 눈의 피로를 덜어주기 위하여 블루라이트를 제거하여 화면을 출력해 주는 기능으로 야간에 컴퓨터를 이용하여 작업할 때 유용한 기능이다.

② '해상도'는 현재 사용 중인 모니터의 해상도를 변경할 수 있다.

③ '다중 디스플레이'는 화면을 가로, 세로, 가로(대칭 이동), 세로(대칭 이동)으로 변경할 수 있다.

④ '텍스트, 앱 및 기타 항목의 크기 변경'은 텍스트 및 앱 등을 크게 확대하여 시력이 좋지 않을 경우 유용하게 사용할 수 있는 기능이다.

03 다음 중 [시스템]–[알림 및 작업]에서 설정할 수 있는 항목이 아닌 것은 무엇인가요?

① 알림 센터가 항상 화면에 보이도록 설정할 수 있다.

② 알림 센터를 클릭했을 때 나오는 타일 형태의 바로 가기를 추가하거나 제거할 수 있다.

③ 알림 센터를 클릭했을 때 나오는 타일 형태의 위치를 변경할 수 있다.

④ 알림 센터에 여러 가지 정보(앱 정보, 윈도우 팁, 다른 사람이 보낸 정보 등)를 받을 수 있도록 설정할 수 있다.

04 현재 사용하고 있는 시스템의 정보(프로세서, 램, 시스템 종류 등)를 확인하기 위한 방법으로 올바른 것은?

① [Windows 설정]–[장치]–[정보]에서 확인한다.

② [Windows 설정]–[개인 설정]–[정보]에서 확인한다.

③ [Windows 설정]–[개인 정보]–[정보]에서 확인한다.

④ [Windows 설정]–[시스템]–[정보]에서 확인한다.

05 시스템에 설치된 앱을 초기화하거나 삭제하기 위한 방법으로 올바른 것은?

① [Windows 설정]–[앱]–[앱 및 기능]에서 작업한다.

② [Windows 설정]–[계정]–[기본 앱]에서 작업한다.

③ [Windows 설정]–[시스템]–[앱 및 기능]에서 작업한다.

④ [Windows 설정]–[개인설정]–[기본 앱]에서 작업한다.

06 현재 사용 중인 컴퓨터의 IP 주소(예 : 192.168.0.28)를 확인하여 적어보세요.

07 윈도우 10의 기본 웹 브라우저인 [Microsoft Edge]를 구글 크롬(Chrome)으로 바꾸기 위한 방법으로 올바른 것은?

①[Windows 설정]–[앱]–[앱 및 기능]에서 웹 브라우저를 크롬(Chrome)으로 변경한다.

②[Windows 설정]–[앱]–[기본 앱]에서 웹 브라우저를 크롬(Chrome)으로 변경한다.

③[Windows 설정]–[시스템]–[앱 및 기능]에서 웹 브라우저를 크롬(Chrome)으로 변경한다.

④[Windows 설정]–[시스템]–[기본 앱]에서 웹 브라우저를 크롬(Chrome)으로 변경한다.

08 [사진] 앱의 [그리기] 도구(그리기)와 [편집] 도구(편집)를 이용하여 아래 이미지처럼 코뿔소 사진을 꾸며보세요.

▶ [소스 파일]–[불러올 파일]–[알씨]–[동물원] 폴더에서 '코뿔소' 이미지를 더블클릭

▶ [그림] 앱에 코뿔소 이미지가 열리면 [그리기] 도구(그리기)를 이용하여 사진 아래쪽에 'photo by ○○○'을 그림(색상 : 흰색, 크기 : 5)

▶ [복사본 저장( )]을 클릭하여 수정된 코뿔소 사진을 바탕화면에 저장한 후 [편집] 도구(편집)를 이용하여 'Burlesque' 필터를 적용하여 저장

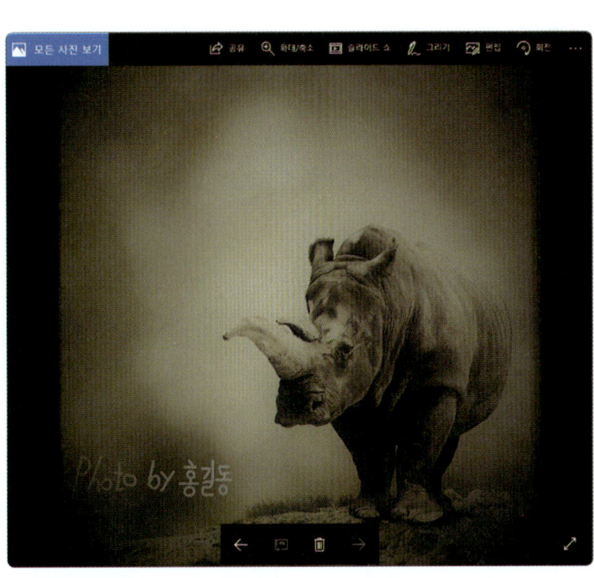

 네이버 지도를 이용하여 '서울역'에서 '롯데월드'까지 가는 길을 검색한 후 도보 시간이 가장 짧은 교통편을 확인해 보세요.

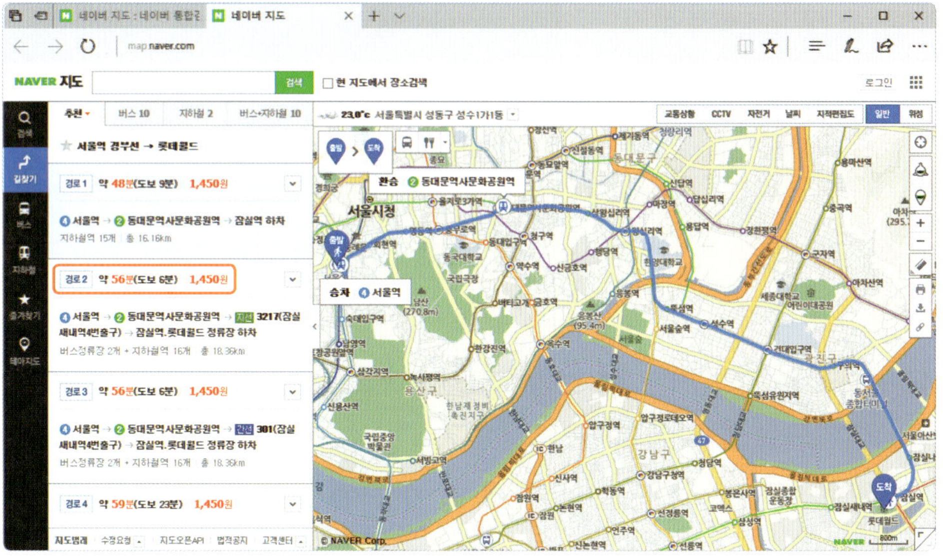

10 [마인크래프트 코딩(MCKorean)] 앱을 실행하여 13단계 코딩 과제를 확인한 후 blocks를 이용하여 코딩 작업을 합니다.

> ▶ **코딩 과제** : 잘했어요! 많은 자원을 모으고 안정적인 집을 지었어요. 이제 지도 가장자리에서 여러분의 집 문까지 레일을 놓으세요.
>
> ▶ 레일을 놓기 위한 흙길의 개수를 확인한 후 '반복문'으로 처리합니다.

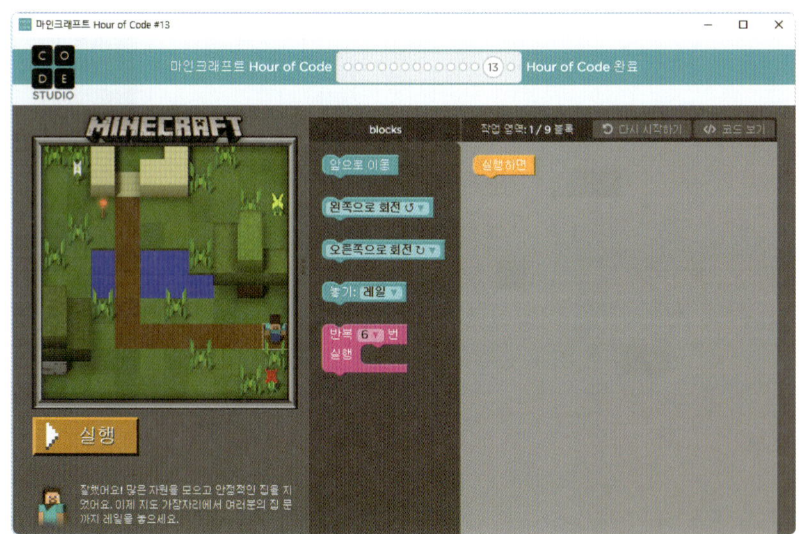

memo